Toe ashope nog kampvure was ....

Abel Botha

© Abel Botha 2014

Toe ashope nog kampvure was ....

2e Druk

Uitgegee deur Abel Botha

Postnet Suite 459,

Privaatsak X4019,

Tzaneen, 0850

mwabelb@mweb.co.za

ISBN 978-0-620-60198-6

Alle regte voorbehou. Geen gedeelte van hierdie publikasie mag sonder verlof van die uitgewer gereproduseer of in enige vorm deur elektroniese of meganiese middel weergegee word nie, hetsy deur fotokopiëring, skrif of bandopname of deur ander stelsel vir inligtingsbewaring en -ontsluiting

Uitleg en publikasie fasilitering deur Boutique Books. Gedruk en gebind deur Interpak Books (Pty) Ltd, Pietermaritzburg.

Danwilh en ek op Cohen

Opgedra aan al my bos-vriende, veral Danwilh Ingram, Karl Osmers, Daan Roux, Nic Fourie en Wallie van Dyk, en natuurlik al my jagvrinne by BJV

Voorwoord:

Die stories in hierdie bundel is almal ware stories wat ek altyd om die kampvure in my lewe vertel het.

Omdat al hierdie kampvure nou al lankal ashope is en weggewaai is deur die wind, het ek besluit om hierdie stories in 'n bundel te bind en te laat druk sodat dit nie eendag verlore sal gaan nie.

Meer as die helfte van die stories in hierdie boek het deur die jare in **Die Impala** tydskrif van die Bosveld Jagtersvereniging (BJV) verskyn.

Die karakters in hierdie stories is NIE denkbeeldig nie en enige ooreenkoms met werklike persone of gebeurtenisse is NIE toevallig nie.

Wat wel waar is, is dat die karakters in die stories se siening of belewenis van sekere gebeure dalk nie noodwendig presies dieselfde siening as myne mag wees nie – in so 'n geval is die ander persone se siening dan natuurlik verkeerd en die storie se siening korrek – moenie dat hulle jou probeer mislei nie.

Alhoewel ek nie aan die feite gekarring het nie, kan dit dalk wees dat ek hier en daar iets kleins verkeerd onthou het, en soms het ek 'n blertsie kleur by 'n vaal stukkie gevoeg.

Ek hoop jy geniet dit net soveel om hierdie stories te lees as wat ek dit geniet het om dit te vertel.

Abel Botha Tzaneen 2014

INHOUD

Hendrik en die natuurbewaarder   11

Clive   17

Die "Merino"-Koedoekoei   27

Oom Sjert se koedoe   35

"Ja Pa, kyk daar val hy nou!"   41

'n Laat nag langs Barend se treinspoor   49

Jopie en Karl se bok   53

Die kwes koedoe op Piet   57

Buffeljag en die winde van verandering   65

Jan wil dorp toe!   77

Instink, stres & rietbokke   89

Kalaharijag   103

Oor onthou waarmee ons besig is en so   127

Daardie Olifantshoek Jagtog ...   131

Die Bajonet – effek   151

Hendrik en die natuurbewaarder

Hendrik was 'n visterman al sy lewe deur. Gebore en getoë daar in Walvisbaai, waar sy pa naans Skipper was op 'n skuit. Tot Hendrik so op vier- vyf en dertigjarige ouderdom besluit hy is nou 'n slag lus vir iets toetentaal anders - enigiets wat hom net 'n slag kan wegvat van die "skeide" af (wat die woord is wat party Walvisbaaiers vir "skuite" gebruik). Wat Hendrik toe in die Caprivi laat beland vir 'n beplande twee jaar. Waar ek hom toe ook mettertyd ontmoet wyl ek weer 'n slag namens die (destydse) Suidwes Administrasie my pligte aldaar moes gaan uitvoer.

Hy werk by Caprivi se Departement Landbou by Oom Piet Bezuidenhout en ek en Rudi bly oor by hom en Koos in die woonstel, soos ons partykeer gedoen het. Ander kere het ons mos daar by Wolfie Wolfaardt oorgebly by sy huisie teen die Zambezi, waar Rainer Iben die aand so uit sy plakkies gehardloop het toe ons agter die huis wegduik vir die mortiere, ... maar dis weer 'n ander storie. Bederf ons ook toe gruwelooslik, Hendrik nou, die volgende oggend toe hy vir ons gebakte bokkems in die bed kom aangee vir brekfis. Wat hy die naweek in Walvisbaai loop haal het, hoor ons terwyl ons heerlik lê en kou. Hy gee ons ook sommer terstond 'n lesing oor bokkems toe hy hoor dis 'n nuutjie vir ons.

Sitwa sit in die digbos teen die Kwando rivier. Dit is 'n pragtige huisie gebou van Mopani paaltjies en dekgras met 'n paadjie tot in die rivier. Die huis is opgerig deur die manne van Natuurbewaring - nou nie van Natuurbewaring "proper" nie, maar die outjies wat in die Weermag se "Burger sake-Afdeling Natuurbewaring" hulle diensplig verrig. Meesal manne wat reeds in die Natuurbewaring gestudeer het, of wat reeds in Natuurbewaring diens gedoen het in die siviele lewe. Nou nie juis dat hulle so swaarkry in die Weermag nie, nee eerder soos 'n gratis langtermyn vakansie op staats onkoste, lyk dit vir my en Rudi. Want hulle groot werk elke dag is om op en af op die Kwando rivier te ry met die boot en indringer waterplante met gif te bespuit. Tot hulle nou lekker taai gesweet is en taamlik moeg van niksdoen, waarna hulle met die boot 'n stil sloepie inry om gou te loop bad. Daar waar daar nie dalkies van die plat honde in die rondte is met 'n vreeslike lus vir mensvleis nie, sien. Wat nogal taamlik voorkom in die Kwando rivier.

Die rivier met die baie name - dis die Kwando. Eers noem hulle dit die Cuando, aan die Angola kant van die noordgrens van die Caprivi, dan word dit die Kwando, dan die Linyandi en laastens die Chobe, net voordat dit die Zambezi inloop. En wyl ek nou afdwaal van my storie af, die Chobe - dis darem nou ook vir jou 'n interessante rivier. Dit is seker die enigste rivier in die wêreld wat in beide rigtings vloei – daar in die Caprivi waar die wêreld vreeslik plat is. "Normaalweg" vloei dit in 'n oostelike rigting na die Zambezi rivier toe. Wanneer die Zambezi egter dreun van die baie waters wat van Zambië se kant af onderweg is en sy watervlak taamlik styg, vloei die water in die Chobe rivier terug, Chobe moeras se kant toe in 'n westelike rigting. Wanneer die Zambezi se waters nog verder styg, breek die water kortpad deur - deur een van die vele "Mulapo's" of kanale, kortpad moerasse toe. Dan staan die water van die Chobe skielik botstil!

Maar genoeg afgedwaal. Die nag staan ons toe oor by Sitwa, saam met Hendrik wat as drywer-cum gids optree aangesien ons dié slag met die vliegtuig gevlieg het van Grootfontein af en dus nie vervoer het om van te praat nie. En dit word 'n lekker gesellige nag. Want ons leer gou dat Hendrik omtrent net so stout is as wat hy graag stories vertel. En veral één van die Weermagmanne skud sy kop net meer soos die aand langer word en die stories lekkerder raak. Want in die siviele lewe is hy Natuurbewaarder in die Namib Park - einste waar Hendrik se lekkerste steeljagplek is! Want Hendrik vertel...

"Een môre vroeg ry ek mos weg van Walvisbaai om bietjie te loop vakansie hou innie Kaap. Maar ek vat sommer die gruispad deur die Namib Park - om so deur Solitaire af te ry Kaap toe. Maar ek ry vir jou in 'n lekker digte mis in sommer so vroegerig in die Park al. So lat 'n mens omtrent nie jou hanne voor jou oë kan sien nie. So ry ek toe maar bitterlik stadig in die mis want die pad en die grond langsaan lyk mos maar omtrent dieselle as jy nie juis kan sien nie. Veral in die Namib. Maar toe die mis mos so 'n bietjie lig so amper halfpad deur die park lat ek nou weer mooi kan sien, is dit mos net Gensbokke waar jy kyk. En ek proe sommer al klaar daai Gensbok biltong in my bek, maar ek dink, wag, ek is mos op pad met vakansie - en ek sien maar en laat staan. Maar toe ek al so 'n hele ent anderkant die Gensbokke verby is, dink ek, ai, daai Gensbokkoei wat so teen die pad gestaan het was darem wragtig lekker vet. Maar nee, sê ek vir myselwers, jy is op pad Kaap toe, los uit! Ek is naderhand heel deur die park anderkant uit toe dink ek, as ek nou my dure plig as landsburger wil doen, moet ek darem sorg dat ek ten minste één Gensbok help om nie die vernedering te smaak van 'n natuurlike dood op 'n rustige oudag nie. En ek draai net daar om in die gruispad dat die kaiing klippers so spat en ek ry terug. Ek moes toe maar deurry terug Walvisbaai toe en die Gensbok in my geraats gaan afslag, die vleis sou dalk net vrot word af Kaap toe. En die volgende oggend vroeg weer begin ry Kaap toe. Terwyl dit nog donker is dat 'n man nie dalk in die versoeking moet kom nie, sien."

Ek sien sommer die Weermag se Natuurbewaarder het nie woorde nie. Net Hendrik. Want hy begin al weer vertel van die Afrikaner beeste wat wild geword en hulle blyplek in die Namib Park gemaak het. Vir baie jare al. En ek sien die Natuurbewaarder kry weer bietjie kleur in sy gesig, want hy is toe darem al 'n paar jaar baie nuuskierig om die genoemde beeste raak te loop - 'n voorreg wat skynbaar vir min mense beskore is oor hulle so wild is. "Het jy hulle al gesien?," wil hy van Hendrik weet. "Gesien?," en ek sien Hendrik kry so 'n lekkerkry glimlag op sy gesig, "waar dink jy kom my beesbiltong elke jaar vandaan?"

Die Natuurbewaarder raak nog witter as tevore, as dit enigsins moontlik is, want 'n mens "tan" baie lekker op die natuurbewaring boot in die dag, en skud sy kop weer 'n slag. "Hendrik, as ons jou vang, sluit ons jou toe en gooi daardie sleutel so ver weg dat hulle hom in 'n leeftyd nooit weer sal kry nie!"

"My vang?" lag Hendrik, "daarvoor ken julle julle park hopeloos te sleg - my jagpaadjies het nog nie een van julle al ooit 'n spoor op getrap nie, en buitendien, julle lê hopeloos te laat in die môre nog in die kooi om my te kan vang."

Daardie nag slaap ek en Rudi en Hendrik in die paadjie teen die water. Onrustig. Want dis seekoeie wat daardie paadjie so glad uitgetrap het. Maar dit kan nie anders nie - die hut is vol Weermagmanne en die bos staan tot vas teen die hut. Maar ons haal darem so deur die genade die anderdagmôre. En terwyl die son nog sukkel om op te kom en daar nog net so 'n rooi skynsel in die lug is, klap daar twee skote sommer taamlik naby. Waarop Hendrik homself op die een elmboog lig en binnetoe roep: "Net wat ek gesê het, daar het die man al sy bok en jy lê nog binne in die kooi!"

Clive

Dit was in die destydse Suidwes dat hierdie storie gebeur het - daar doer in die Kaokoveld, wat vir ons soort manne darem maar een van die mooiste plekke op aarde is. Ou Clive was, in ons vandag se definisie van die woord "Jagter," nou nie rêrig 'n jagter sodat jy dit sal agterkom nie. Dat hy 'n springbok kon uitlos as die vleis-honger hom na so 'n twee weke in die Kaokoveld *ordentlik* beetpak, is ook nie so heel akkuraat om te beweer nie. Nie dat dit nou rêrig so heel wettig was om 'n bok **nie** uit te los nie, nê! Maar Clive was 'n gróót man, en sy vleis-honger na 'n week of twee in die bos was 'n gróót vleis-honger. Daarom het dit tog maar so van tyd tot tyd gebeur dat 'n springbok met sy lewe moes boet om vir hoëre dienste aangewend te kon word.

Aangesien ek en Clive desjare vir die Suidwes administrasie gewerk het en heel dikwels saam op drie- tot ses weke ritte in die veld rond gewerk het, het ons heelparty prettige ondervindings deurleef. Ons het byvoorbeeld eenkeer op Ohopoho 'n nag deurgebring, waar ons vir Dawie, 'n man wat vir die destydse Bantoe-administrasie gewerk het, genooi het vir ete. Ons staning was net so 'n entjie buitekant Ohopoho en, soos altyd, was dit maar 'n táámlike informele affêre. Ek het sonder hemp gesit en kitaar speel, begelei deur Dawie op sy 12-snaar kitaar, en Clive het, soos gewoonlik, in sy onderbroek daar rondgesit en af en toe in die potte gekarring met 'n paplepel. Na 'n heerlike ete en lekker saamsing en kitaarspel, het ons in my Ford 4x4 geklim om vir Dawie terug te neem na Ohopoho. Dawie se blyplek in Ohopoho was net langs die huis van twee van die legendes van die Kaokoveld, Oom Ben en tannie Babes van Zyl. Ons het eers gewik en weeg of ons nie sommer by hulle 'n koffietjie moet gaan drink nie, maar oplaas besluit dat dit tog maar te laat is vir kuier. Ek het in die straat stilgehou en Clive, wat by die anderkantste deur gesit het, het uitgeklim sodat Dawie kon uitkom. Dit was toe, terwyl ek vir Dawie groet, dat ek vir Clive nogal mooi kon sien daar waar hy reg onder die straatlig staan. Eers toe ek vir hom vra: "En nou Clive, as jy dan nou met jou onderbroek hier in die dorp rondstaan?," kyk hy af en besef dat hy nou nie juis so fatsoenlik geklee is as wat 'n mens eintlik in 'n dorp behóórt geklee te wees nie, al is dit nou 'n dorp soos Ohopoho! Veel het hy nie gesê nie, net die Groot Naam geroep en vinnig in die bakkie gespring. Eers toe hy binne was, het hy begin bewe oor wat sou gebeur het as ons tog wel vir tannie Babes gaan kuier het!

Ja, in die Kaokoveld het ons nogal volgens ons eie stel reëls geleef. En omdat die Natuurbewaring ook nie so dikwels daar patrolleer het nie en blikkiesvleis na twee weke ook nie meer soos kreef en kaviaar proe nie, het Clive nie rêrig gewetensbeswâre gehad indien 'n springbokkie nou dalk uittartend genoeg raak terwyl hy sy "seloentjie" agter die kussing het vir juis sulke noodgevalle nie. Omdat die Kaokoveld taamlik afgekoel het snags, kon hy 'n springbok vir 'n week lank goed hou, deur dit nét na donker aan die vragmotor op te hang tot net voor sonop. Daarna het hy die vleis in 'n houtkas, wat op vier klippe onder 'n bos gestaan het en snags nat gesprinkel was, geplaas nadat dit styf in 'n kombers toegedraai was. Aangesien sy helpers Damaras was wat oor 'n onversadigbare vleislus beskik, is die binnegoed en elke ander krieseltjie opgeëet sodat niks vir 'n honger jakkals oorgebly het nie. (Op Rocky Point, aan die Seekus van die Dood, het 'n jakkals een nag die einste Damara se tone so verflenter terwyl hy geslaap het, dat hy op Swakop dokter toe moes gaan - dus het die Damara nou nie juis veel van 'n geneentheid teenoor die jakkalse gehad nie!)

In ieder geval, om terug te kom na die storie - ek en die destydse hoof van ons afdeling het dié spesifieke keer met 'n vliegtuig die werksplekke in die Kaokoveld besoek. Ons het trouens eers die Caprivi, Okavango, Ovamboland en die Ruacanavalle besoek, voordat ons uiteindelik vir

Clive op Marienfluss gaan soek het. Nou moet die leser ook nie visioene van teer aanloopbane en die klas van modernerige uitvindsels in sy geestesoog sien as ek sê dat ons met die eerste soekslag glad nie die aanloopbaan kon vind nie! Nee, dit het daardie jaar nie te sleg gereën in daardie gedeelte van die Kaokoveld nie en die gras was so lank dat daar net geen teken was van die twee rooi dromme wat die begin van die aanloopbaan aandui nie. (Of, laat ons liewer sê daar wás 'n tyd wat die dromme waarskynlik rooi was!) Gelukkig het ek die pad vanaf Marienfluss-mond op die grond geken en het ons toe maar van die rivier af padlangs terug gesoek. My geheue het my ook nie in die steek gelaat nie, want toe die loods inkom vir sy finaal om te land, sien ons tussen die lang gras die twee rooi dromme langs ons verbyflits! Clive, wat ons vliegtuig gehoor het was toe ook sommer gou by om ons op te laai met sy bakkie.

 Ons het die aand lekker om 'n vuur gekuier saam met Clive en 'n leerling tegnikus wat saam met hom daar was. Ons het ook beplan vir die rit verder - Clive sou sy werk op Marienfluss binne 'n dag klaarmaak en dan Sesfontein toe ry. Ons sou die volgende oggend vroeg vlieg tot by Möwebaai aan die Seekus van die Dood, waarna ons saam met Trygve Cooper van Natuurbewaring na Purros in die Huarusibrivier (in die middel-Kaokoveld) sou ry en daar oornag. Die volgende dag sou ons dan terug na Möwe ry en vandaar vlieg na Sesfontein om vir Clive daar te ontmoet. Na die beplanning en 'n (blikkieskos) maaltyd is ons kooi toe.

Vanaf Möwebaai lê gewoonlik 'n dik misbank tot diep in die binneland. Wanneer jy dus Möwebaai toe te vlieg, is daar 'n belangrike besluit om te neem: moet ek onderkant die mis vlieg, of bokant? Die gevaar van onder die misbank vlieg, is dat jy dalk iewers teen 'n berg vasgekeer kan raak - wat lewensgevaarlik kan wees aangesien die misbank normaalweg so laag is dat omdraai onmoontlik is. Wanneer jy bokant die misbank vlieg, bestaan die moontlikheid weer dat jy nie 'n opening deur die mis gaan kry naby die see om te kan land nie. Ons besluit om bokant die misbank te vlieg en is gelukkig om naby Möwe 'n opening deur die mis te kry, waardeur ons vlieg en na enkele minute se laag vlieg oor die duine, land ons veilig op Möwe.

Möwebaai is 'n pragtige plekkie en daar woon net twee natuurbewaarders en 'n paar navorsers. Daar is 'n straat met 'n paar huise, 'n kantoor en 'n weerstasie en ons gaan tuis in een van die gastehuise. Alle water, drink- sowel as badwater, word met tenker-vragmotors aangery en in watertenks gepomp, en ons word gemaan om die water baie spaarsamig te gebruik. Die naaste winkel is op Hentiesbaai wat, mens kan amper sê, twee dagreise ver is!

Die volgende oggend vroeg vertrek ons saam met Trygve in sy 4 x 4. Eers ry ons kus op tot anderkant Rocky Point, daarna deur die rooi duine tot in die Khumib rivier. Daarvandaan gaan ons pad verby die Sarusas myntjie na die Huarusib rivier by die Purros drif. Naby Purros kry ons die tweespoorpaadjie wat uit die Noord kom vanaf Marienfluss en ons kan ons oë nie glo toe ons Clive se Vambo-vragmotorbestuurder met die MAN trok by die aansluiting kry nie. Marienfluss is twee dae se ry vanaf Sesfontein en in die hele grote Kaokoveld loop ons mekaar raak op die enigste plek waar die twee paaie mekaar kruis! Die Vambo's het net gegroet en toe oor die bult verdwyn, skynbaar om vir Clive, wat met die bakkie ry, te gaan roep. Clive kom ook toe net daarna daar aan en ons drink eers saam koffie uit die flesse en gesels 'n bietjie voor ons weer elkeen ons eie koers inslaan. So onder die gesels deur kom ek agter ou Clive is nie so hééltemal op sy gemak nie - dis net of daar so 'n kriewelrigheidjie is so onder die vernis wanneer hy met Natuurbewaring se man gesels. Die leerling tegnikus loop ook nie juis oor van spraaksamigheid nie en ek wonder so by my sigselwers ...... Ieder geval, na ons koffie en geselsie, vat ons weer ons pad Purros toe en Clive-hulle verdwyn weer oor hulle bult.

So 'n entjie stroom-op van Purros in die Huarusib rivier is 'n meetstasie waar ons ons werk moet doen en dit neem ons nie te lank om daar uit te kom nie. Eers stop ons darem by die gorra wat die olifante jaar na jaar in die Huarusib rivierbedding oopgrawe om ons watersakke vol te maak, en spring dan aan die werk. Die nag slaap ons op die wal van die Huarusib (nie ín die rivier nie, want hierdie rivier se naam beteken nie verniet "Die rivier wat vinnig afkom nie." Die rivier kom alte maklik af as daar nie eers 'n beduidenis van 'n weerlig of 'n wolkie in die lug is nie, maar wel iewers ver in die binnenland gereën het. So het daar al 'n hele paar bakkies by Purros weggespoel wanneer mense met harde bande deur die rivier probeer ry het, vasgeval het, net om die volgende oomblik deur die vloedwaters verras te word.) Voor ons slaap, kyk elke ou darem eers net mooi in watter rigting hy gaan hardloop as een van die Kaokoveld renosters dalk in die nag 'n welwillendheidsbesoekie sou wou aflê!

Dit was egter 'n rustige nag en die volgende môre vroeg vertrek ons weer terug na Möwe, om kort na ons aankoms op te styg met die Astek twin - op pad na Sesfontein. Wanneer ons kort voor donker op Sesfontein aanland, is Clive en sy span reeds daar. Na die groetery en afpakkery roep Clive my so skelm-skelm nader - so asof hy nou nie juis oorgretig is dat die baas ook juis nóú moet kom saamgesels nie. Nie so heeltemal dadelik nie... Ons stap om die MAN vragmotor en die volgende oomblik loop ek my vas in 'n afgeslagte springbok karkas wat teen die vragmotor hang! En terwyl my mond oophang van verbasing, klim Clive my sommer in ook: "Jou bl.....! Marienfluss na Sesfontein is seker 350 km tweespoorpaadjie waaraan jy twee dae lank ry. Möwebaai tot by Purros is seker 150 km tweespoorpaadjie waaraan jy 'n dag lank ry. En op die enigste plek waar hierdie twee paadjies bymekaar uitkom en ons besig is om ons ou vleisietjie te skiet, bring jy so wragtigwaar - nadat ons nou al hoeveel jaar saamwerk - die Natuurbewaring om ons te kom vang! Toe julle by ons Vambo's stilhou, het die leerlingtegnikus nét die eerste skoot met sy .303 geskiet. Hy was op die punt om die gekweste springbok dood te skiet toe die Vambo's met swaaiende arms al skreeuende nader jaag met die MAN. En na ons koffiedrinkery saam met julle kon ons nog julle bakkie hoor toe klap die doodskoot! Jy het my wragtigwaar so amper-amper in die tjoekie laat slaap!"

    Vanaand sit ek nou weer aan hierdie dinge en dink - ek wonder waar ou Clive se kampvuurtjies deeske dae brand en of hy nog ooit in die lewe is. Maar een ding weet ek - al het ek dan nou die

Natuurbewaring gebring tot waar ou Clive besig was om sy vleisie te oes en al het ek hom dan nou kwansuis amper laat vang - hy kon my wragtig maar 'n bietjie krediet gegee het vir my uitstekende tydsberekening. Per slot van sake ís hy mos toe nooit gevang nie!

Die "Merino" - Koedoekoei

Die son is op pad na sy slaap kwartiere as ek met die 7 x 57 Musgrave oor my skouer van die tweespoorpaadjie afswaai en teen die glooiing afbeweeg na 'n klofie ongeveer 'n kilometer verder. Dit is Juliemaand, maar alhoewel die oggende taamlik kil kan wees, is daar nou, in die namiddag, 'n paar lastige sweetdruppels om my oë - miskien deels te wyte aan die effense opgewondenheid wat ek in my binneste voel.

My skoonpa, Hendrik Blaauw, se plaas "Berghof" lê bo-op en in die Karasberge, so halfpad tussen Keetmanshoop en Karasburg, aan die oostekant van die teerpad. Daar is bitter min rybare plekke op sy plaas, dus moet feitlik oral geloop word waar jy wil wees. Die hele plaas, al tien duisend hektaar daarvan, is besaai met klippe, of dan kaiingklippe, soos die Suidwesters dit noem. Aangesien jou voet met feitlik elke tree swik op hierdie ronderige klippe, is enkelhoogte stewels die aangewese skoene om hier te dra. Terwyl ek voel-voel met my stewels deur die klippe loop, is ek bly dat ek nie, soos by 'n vorige geleentheid, my velskoene sonder kouse aangetrek het nie.

Daardie dag het ek twee koedoes reg bo-op 'n hoë kliprant (of "plaat," soos die Suidwesters sê), geskiet. Terwyl skoonpa met die Landrover die

Namas gaan soek het om te kom help aandra, het ek die een koedoe oopgesny en onder 'n bos ingesleep. Daarna het ek in die geweldige hitte van die middag die tweede koedoe, wat 'n goeie skoot weg gehad het, se spoor begin soek. Vroutjie, wat my dié dag vergesel het, het 'n enkele druppel bloed op 'n kaiingklip opgemerk. Ons het op die spoor begin loop en omtrent 'n kilometer verder het (wéér) vroutjie die koedoe gesien waar hy, kop in die lug, agter 'n gifbos (noorsdoring) gelê het. Op sestig meter het ek hom deur die kop geskiet en net daar besef dat daar groot werk voorlê - hierdie koedoe het oop en bloot in die warm namiddagson gelê en daar was absoluut geen skaduwee bo-op die plaat nie. Ek het rondgekyk. Omtrent vier kilometer ver kon ek die plaas opstal se dak sien uitsteek tussen die jakaranda bome wat my skoonpa geplant het. Aan die ander kant, tussen twee koppe deur, het my skoonpa se Landrover verskyn en het stadig-kronkelend deur die klippe nadergekruip. Hoe nader hy gekom het, hoe meer het my moed gesak - want dit was duidelik dat die Namas nie op die bak was nie!

Toe skoonpa dan ook summier verbyry, het ek geweet - vandag gaan hierdie vaalseun hard werk! Ons het vroeër die oggend die Namas afgelaai om te gaan skaap bymekaar maak en as hulle nie op die Landrover se bak is nie, beteken dit net een ding

- Skoonpa kon hulle nie in die hande kry nie en ry nou rondom die kamp om hulle vanaf die ander kant van die kamp in die hande te probeer kry. Vir diegene onbekend met die Karasberge, kan dit waarskynlik na 'n paar minute se werk klink, maar dit is groot kampe hierdie, en die "paaie" uiters sleg, en ek wis dat hierdie rit meer as twee ure sou duur. In hierdie tyd kon die koedoe, wat soos reeds gesê, reg in die son gelê het, se vleis begin bederf.

In Suidwes word 'n mens twee keer so dors as op ander plekke. My waterkannetjie, wat ek gelukkig gegryp het toe ek die rant opgeklim het, was reeds leeg - na die sweterige klim teen die hoë rant uit het ek en my vroutjie korte mette daarvan gemaak. Dus bied vroutjie aan om water by die huis te gaan haal. Alhoewel ek die aanbod dankbaar aanvaar het, het dit my werk nou dubbeld so moeilik gemaak. Ek moes nou alleen afslag sonder dat iemand vashou! Hoe lank ek dié dag met my knipmes en jagmes afgeslag het, weet ek nie, maar toe Vroutjie natgesweet opdaag met 'n kan yskoue water, was ek feitlik klaar afgeslag en boude en blaaie gesny. Met vroutjie se hulp kon ons twee die koedoe toe aandra na waar die ander koedoe onder 'n bos gelê het - driekwart teen die rant uit. Van die swaarkry van hierdie aandra deur die klipperige aarde en teen die skuinste af, hoef ek seker nie te vertel nie. Al wat ek wil sê is dat ek daardie aand feitlik nie meer velle aan my voete gehad het toe ek my velskoene uittrek nie!

Aan al hierdie dinge dink ek nou terwyl ek na die klofie beweeg. Ek kyk na die son - genoeg tyd om te skiet en weg te dra, besef ek. Gelukkig is daar hierdie keer meer hande om te help dra. Dan val dit my op dat ek alreeds begin aandra voordat ek nog geskiet het! Maar nou ja, vandag het ek net daardie snaakse gevoel in my binneste dat ek 'n koedoe gaan skiet. Ek is seker dat ander jagters ook al daardie gevoel ervaar het - daardie spelde prikkies op jou voorkop of 'n opgewonde gevoel van sekerheid in jou binneste dat daar in die volgende halfuur of uur iets gaan gebeur. Net so voel ek nou. Die klofie voor my is dan ook een van my geliefkoosde jagplekke - anderkant die rant is daar 'n waterpos - "Eddie se puts" noem my skoonpa dit. Die koedoes is besonder lief om hier water te drink en, alhoewel die windpomp nou stukkend is (ons moet dit juis môre kom herstel) en daar nie water is nie, is die moontlikheid groot om koedoes hier te kry. Hulle rus graag in die middaghitte onder die blou bosse teen die rant en ek het voorheen al koedoes hier geskiet.

Die veld is vanjaar besonder pragtig na die wonderlike reën wat die boere hierdie jaar gehad het - waar daar vorige jare net vaal bossies was, is daar nou oral pragtige geel gras - selfs die kaiingklippe is feitlik onsigbaar in die gras. Ek verlustig my in die prentjie voor my terwyl ek tydsaam voortbeweeg. Voetjie vir voetjie stoot ek my stewels tussen die kaiingklippe deur en kort-kort staan ek stil om te luister. My skoonpa is besig om met die tweespoorpaadjie om die rant na Eddie se puts toe te ry, maar aangesien die paadjie baie sleg en vol klippe is, weet ek dat ek nie haastig hoef te raak nie.

Aan die bokant van die klofie steek ek weer vas om te luister en dan hoor ek dit: die metaalagtige klank van twee klippe wat teen mekaar stamp soos iets groot daaroor beweeg. Oombliklik daarna hoor ek net klippe spat soos 'n trop koedoes na my toe aanstorm. Soos blits is die 7mm teen my skouer en die volgende oomblik sien ek vir 'n blits sekonde die koedoekop en nek voor my tussen die gifbos deur. Daar is skaars tyd om te korrel na waar die kop en nek bymekaar kom, maar as die skoot klap weet ek dat daardie koedoe nie weer tussen Berghof se klippe deur gaan hardloop nie. Regs van my bars nog koedoes verby wat my onwillekeurig die slot van die Musgrave heen en weer laat werk om 'n nuwe patroon in die loop te kry. Dan sien ek dit is 'n groepie opgeskote koedoe kalwers wat deur die gifbosse draf. Dan hoor ek weer verder links nog klippe spat en ek besef dat die res van die trop omgeswaai het en weer terug in die klofie afhardloop. Ek soek op die grond vir die patroondop en kom dan agter dat dit reeds in my sak is en dit verbaas my opnuut dat 'n jagter wat ook sy eie patrone herlaai skynbaar onwillekeurig sy patroondoppe in sy sak laat beland sonder dat hy eers daarvan bewus is!

Dit is toe ek om die gifbos stap dat die verrassing my tussen die oë tref - dit is dan 'n koedoe koei met horings! Eers sien ek net een horing, gedraai soos die van 'n Merino ram, maar toe ek noukeuriger kyk, sien ek dat daar aan die ander kant van die kop 'n bloederigheid is. Na 'n rukkie se gesoek kry ek die ander stukkie horing waar dit tussen die kaiingklippe beland het. Met spyt dat so 'n unieke trofee nou vir ewig bederf is, pas ek die stukkie horing op sy plek, en ek wonder of ek dan so skeef geskiet het dat ek die horing getref het. Dan sien ek dat die koedoe op die horing geval het en dit sodoende afgebreek het. Die uier is groot en wanneer ek 'n speen trek, sien ek dat daar melk uitkom. Dus is dit 'n normale koedoe, en nie 'n kween nie! Heel waarskynlik is een van die opgeskote kalwers dus hare! Dit laat my dadelik goed voel, want die kalwers is feitlik groot genoeg om gespeen te word en sal dus nie vrek nie.

Na 'n paar minute hoor ek Skoonpa se Landrover aangekruie kom en ek besef dat die koedoes, met hulle uiters fyn gehoor, die Landrover natuurlik baielank voor myself gehoor en daarvoor gevlug het, reguit in my vas! Nadat Skoonpa stilgehou het, begin ek fluit, maar hulle is te ver en ek miskien te hoog in die klofie op en hulle kan my nie hoor nie. Ek is verplig om 'n ent teen die helling af te beweeg en eindelik kan ek hulle aandag trek. Vroutjie, wat saam met Skoonpa in die Landrover was, klim ook op na my toe met die kamera sodat ons 'n paar foto's kan neem.

Toe ek en die twee Namas die koedoe uiteindelik rus-rus teen die helling af gesleep-dra het en op die Landrover gelaai het, is dit al byna skemer, en ek is goed pootuit. Skoonpa, synde skaapboer, kyk eerste na die koedoe se tande en reken dat die koedoe tussen tien en twaalf jaar oud kan wees.

Hoeveel kalwers sou sy in die wêreld gebring het? Sou hierdie horings 'n genetiese afwyking wees sodat daar dalk van haar verskalwers ook horings kan hê? Die vrae maal deur my gedagtes as ek moeg, maar baie gelukkig agterop die Landrover terug skommel huis toe. Ek het al 'n hele paar koedoes hier op Berghof geskiet, maar ek is seker dat hierdie "Merino" koedoe die langste in my gedagtes sal voortleef, as sy by nuwe kampvure op ver plekke, telkens weer haar kop skielik voor my deur die gifbos druk!

Oom Sjert se koedoe

Oom Gert, of liewer oom Sjert soos sy ou vrinne hom genoem het, was nog een van die óú soort Suidwesters - hardgebakte manne met harde baarde sonder fieterjasies of "kôsmetieks." Hy het brannewyn gedrink soos die meeste van ons nie eers skoon kouk kan drink nie (wie kan in elk geval skoon kouk gedrink kry?) - behalwe die een slag toe hy hom teen oom Kobus vasgeloop het, maar dit vertel ek eers later. Sy stories het jou gou laat agterkom dat jy nie sommer meer sulke soort mense raakloop nie - hulle word net nie meer gemaak nie, uit produksie kan jy maar sê. Manne wat Suidwes mak gemaak het en natuurlik, die myle wys op die verweerde ou gesigte en lywe.

Ek het oom Sjert ontmoet daar in die Namib, waar hy boorkontrakteur was noord van Hentiesbaai in die plat woestyn. Ons het vir nege maande daar in tente gestaan, elke week of twee by 'n ander plek en 'n nuwe boorgat wat geboor moes word. Ek werkende vir Hidrologie om die boorgattoetse waar te neem, en oom Sjert deel van die kontrakteurs wat die boorgate moes boor wat vir Rössing later van water sou voorsien. Oom Kobus van Tonder was die een eienaar van die besigheid en hy het met sy groot tentkamp die "kantoor" van die besigheid behartig. 'n Groot, sterk, saggeaarde man met 'n hart so klein soos 'n koppiespeldpunt, wat Suidwes geken het soos min ander mense en wat van jag en visvang meer geweet het as die meeste jagters en hengelaars saam. En soos dit met manne gaan wat *rêrig* kan, was hy een van die nederigste mense wat ek ken. Hy het ook nie 'n druppel drank gedrink nie - niks daarteen gehad nie, maar net niks van die smaak daarvan gehou nie.

Oom Sjert, wat eintlik vir oom Kobus gewerk het, was amper net die teenoorgestelde van oom Kobus. Alhoewel ook 'n sterk man (wys my die stamperboorman in Suidwes wat níe sterk was nie - daardie boortou wat elke drie stampe na 'n ander kant toe gedraai moet word, wikkel 'n man se spiere), was hy baie grootpraterig en, soos reeds gesê, hy het die werk van brannewyn drink, goed verstaan. En waar oom Kobus saggeaard was en nooit 'n lelike woord laat hoor het nie, was oom Sjert maar soms baie opvlieënd en kon hy verskeie tale gelyk praat as hy die slag sy humeur verloor het. Of sommer as hy nie sy humeur verloor het nie, ook.

Nou het oom Sjert maar elkers, as oom Kobus die slag verby kom na die aand se werk, en wel wetende van oom Kobus se afkeer van drank, aangehou dat oom Kobus 'n dop saam met hom moes drink. Waarop oom Kobus dan ook elke keer geweier het, tot vervelens toe. En tot eendag. Want daardie dag kon jy oom Sjert met 'n veertjie omslaan toe oom Kobus, nadat oom Sjert sy gebruiklike aanbod (natuurlik half spottend) aan oom Kobus maak juis toe hy 'n bottel Whiskey wat hy present gekry het uithaal, vir hom sê: " Nou toe Sjert, bring die glase, dat ons drink." En die bottel afvat toe oom Sjert wou skink: "Nee, ek sal skink," en hy gooi oom Sjert se glas en sy eie gelykvol, sonder om eers 'n bietjie plek te los vir die mieks. Om die waarheid te sê daar was amper nie genoeg plek vir die whiskey nie, jy moes mooi drink om nie te mors met die eerste sluk nie. En voor oom Sjert nog kon protesteer, sluk oom Kobus sy skoon whiskey in drie slukke weg en sê: "Toe Sjert, drink klaar, dat ek weer skink!" En hoewel oom Sjert nogal taamlik gesukkel het om die rou goed sonder mieks so vinnig gesluk te kry, het dit nie vir hulle twee baie lank gevat om daardie bottel leeg te kry nie. Waarna dit toe ook nie meer nodig was om oom Sjert met 'n veertjie om te slaan nie, want hy het sommer vanself omgeval. Waarvandaan ons hom toe ook, toe ons baie later die aand klaar gedrink het, (met mieks!) moes sleep-dra tot in sy bed. Want oom Sjert was ook 'n groot en swaar man, wat met sy dronk en slap lyf natuurlik (vir ons) twee keer so swaar geweeg het. Oom Kobus is bietjie later op sy eie twee voete daar weg, sonder die minste teken dat hy enige iets sterker as kouk gedrink het. Wys jou nou net, nê, moenie met 'n groot man wat niks drink nie, karring nie!

Maar kyk waar trek ek nou al met my storie - en ek wou eintlik vertel het van oom Sjert se koedoe. Oom Sjert was lief om stories te vertel - veral van die dae toe hulle die plase in die Kaokoveld gehad het. "Harde jare boeties," het hy altoos gesê, "nie vir sussies en pap mannetjies soos julle nie. En droog! Ons het wragtig droogte gehad daar - nie 'n krieseltjie kos vir 'n bees of bok om te vreet nie. Die goed vrek so vreet-vreet aan die droë takkies wat so hier en daar nog oor was. Ons het amper nie eers kos in die huis nie, so arm is ons van die droogte. Arm! Julle ken nie van arm nie! Daar was geld vir niks - nie eers vir kos nie!

Ewentwel, ek ry toe eendag weer die lang pad Kamanjab toe om so 'n paar botteltjies brandewyn te loop koop en..."

Hier val ek hom eers in die rede: "Maar Oom, Oom vertel my dan nou net van hoe arm Oom-hulle was en dat daar nie eers geld was vir kos nie, nou sê Oom Oom het gaan brandewyn koop?"

"Ja, broer, ek weet, maar jy moet onthou, vir brandewyn is daar *altyd* geld!"

En toe gaan die ou verder: "Ewenwel, op pad terug van Kamanjab af, nadat ek eers saam met 'n paar van die ander manne die droogte en noodtoestand in die ou kroegie bespreek het, net waar jy die Kaokoveld se grens oorry, sien ek toe mos die ou koedoetjie agter 'n bos staan en wegkruip. Maar allemintige horings, boet, sulke wye goed. En siende dat ons nou so arm is dat ons nie eers kos in die huis het nie en siende dat daar maar min mense die pad gebruik en nog minder Fôna en Flôra, stop ek die Ford bakkie dat die stowwe so staan. Ek het die Lemetford agter die kussing uit en skuif so 'n ent terug op die kussing om nou mooi te kan korrel, maar net toe ek wou skiet, skuif die koedoe so 'n paar tree terug agter die bos in. Nou moet ek eers weer die Lemetford neersit, terug wurm agter die stuurwiel in met die pens wat nie lekker wil pas nie, weer 'n ent vorentoe ry en, ja! Daar sien ek hom weer. Nou eers weer stop, terugskuif op die siet, die Lemetford vat, en weer korrel. En toe ek wou skiet, natuurlik - toe foeter die koedoe nou weer verder weg agter die bos in, en moet ek die hele proses weer herhaal.

Maar dit was seker die sesde of sewende keer dat ek die storie nou elke keer moes oordoen, en net toe ek begin dink dat die koedoetjie die speletjie nou erg begin geniet, dat daar toe 'n ding gebeur wat my al die newe-effekte van al daardie duur brandewyn in een sekonde laat wegskrik. Want net op die oomblik dat ek nou weer vir die hoeveelste keer agter die stuurwiel inwurm om weer vorentoe te ry, klop 'n man my mos op die skouer en sê:

"Meneer, as jy nie omgee nie, kan ek nie maar eers verbykom nie, ek wag darem nou al baie lank, dan kan jy weer aangaan!" Die man moes natuurlik elke keer as ek vorentoe ry, saam vorentoe, en as ek stop saam stop!

Maar Broer, ek sal nou vir jou een ding sê, ek weet nie of die man in sy lewe ooit weer sou kon sien met die stofwolk wat hom moes getref het toe ek daar wegspring nie, maar vir my het hy in elk geval nooit weer daardie dag op die pad gesien nie!"

"Ja Pa, kyk daar val hy nou!"

Vir die manne wat nóú nog nie die storie gehoor het nie (kan daar nog sulke mense wees?), moet ek darem 'n slag hierdie mooi storie op skrif stel - mens kan maar sê om dit vir die nageslag te bewaar. Net vir die rekord wil ek darem net sê dat ek Karl se (halfhartige) toestemming ook gekry het om die storie te vertel. Ewenwel......

"A Hunter's Handbook" praat van "The Ten Commandments of firearm safety." Dis tien reëls wat ons manne met die harde baarde al jare mee saamlewe. Ek meen, leer ons dit nie hoeka op die Opleidingskampe vir ons jong manne nie? Ons ken die goed uit ons kop uit - jy kan maar sê dis tweede natuur by ons. Kyk nou byvoorbeeld "Commandment" nommer VI: "*Never point a gun at anything you do not want to shoot; avoid all horseplay with a firearm.*" Ons ken daardie reël uit ons koppe uit - maar onthou nou net, "Hunter's Handbook" praat baie duidelik van "horseplay" - daar staan mos niks van "donkey play" nie!

Die naweek voor die 1995 Junior kursus van Letaba tak, ry ek en Karl op na sy plaas daar naby Huntleigh stasie - net so 'n katspoegie duskant Mopanie. Omdat ons nie die volgende naweek plek sou hê op die voertuie nie, moes ek en hy die 30 matrassies (miskien is dit 'n eufemisme - dis eintlik sagter om op die grond te slaap as op dié sentimeter-dikke ondervelt wat moes deurgaan as matrasse!) plaas toe neem. Ons moes ook die plaaslike elektrisiteitstelsel darem so min of meer in orde kry en 'n paar ander werkies doen voor die volgende naweek se kursus.

By die voorlaaste hek voordat ons die ou plaashuis bereik, kry ons 'n mooi troppie rooibokke. Karl merk op dat hy die man wat nou op die plaas uitspan, nog 'n rooibok skuld en ons maak 'n afspraak met die rooibokke om hulle later in die dag daar te ontmoet. Na ons groetery met die manne (wat al lekker kuier) en die aflaaiery, ry ons 'n paar ure later terug om ons afspraak met die rooibokke na te kom. Ons parkeer die bakkie langs die draad naby die hoek van die kamp, en loop dan saam langs die ander lyndraad af. Na so 'n 500 meter beduie Karl vir my om nou loodreg vanaf die draad te loop terug in die rigting van die huis, terwyl hy en Benjamin, sy 12 jarige seun, 'n verdere 500 meter sal loop en dan parallel aan my sal jag in die rigting van die huis. Terwyl ek afdraai op die vars rooibok spore en windop terugjag huis toe, merk ek op dat Henk, Karl se broer, teen die draad stilgehou het en dat Karl en Benjamin eers daar gesels.

'n Entjie verder raak die spore baie vars, en tussen die mopanies gewaar ek 'n beweging. As ek op my knieë naderkruip agter 'n bos, sien ek die rooibokram waar hy staan en vreet. Op presies dieselfde oomblik dat my kruishaar sy merk op die rooibok kry, voel ek hoe die wind skielik agter in my nek stoot, en die rooibokke spring weg na regs. Nou begin 'n kat-en-muisspeletjie. Die windjie dwarrel rond en telkens sien ek net 'n glimps van 'n rooibok. Te ver kan ek ook nie na regs beweeg nie, want dan is ek in Karl se skootsvak. Uiteindelik is die rooibokke te ver uit my gebied in Karl se rigting en ek stap terug in die rigting van die bakkie. Naby die lyndraad waar ek begin het, pomp die adrenalien skielik weer as ek 'n beweging gewaar, maar deur die teleskoop sien ek dat dit een van Abraham se donkies is en ek loop terug bakkie toe. Net toe ek die bakkie in sig kry, klap die skoot sommer naby en ek kan sommer hoor dat daar een rooibok is wat nie weer saam met die trop sal loop nie. Daardie skoot het net te pragtig geklap. Terselfdertyd verwonder ek my daaraan dat ek die rooibokke nie gesien het terwyl hulle darem sommer naby Abraham se donkies moes wees, want daardie donkie balk darem nou aanhoudend......

Ek loop ook sommer reguit na waar ek die donkie hoor balk, want kyk, die rooibok sal mos nou nét daar lê. Dit is wanneer ek by die donkie kom dat ek sien dat die een donkie nou wel groot geskrik het vir die skoot en aanhoudend balk, maar dat die ander donkie jou wrintiewaar lê en slaap deur al die lawaai. Dan sien ek die bloed - donkie bloed - en dit wás 'n mooi skoot! En die skoot op die blad lyk nogal presies asof dit deur 'n 308 patroon veroorsaak kon gewees het. 'n Nossler nogal. Terwyl my brein nog nie mooi die impulse kan verwerk wat my oë soontoe aanstuur nie, hoor ek die bakkie dreun en ek besef twee dinge: die eerste is dat daar nie rêrig 'n rooibok iewers doodlê nie en die tweede is dat daardie Isuzu nou warmgemaak gaan word huis toe en dat ek sal moet hardloop as ek nie huis toe wil loop nie!

Ek keer vir Karl ook net betyds toe hy my toevallig hoor skreeu waar ek agter die bakkie aanhardloop. Ek kan nog nie mooi glo wat ek gesien het nie en my eerste vraag is: "Hoekom skiet jy Abraham se donkie?!" Eers later hoor ek die hele storie ....

Toe Karl klaar met Henk gesels het, het hy ook windop huis toe begin jag. Nie lank nie, of die troppie rooibokke wat vir my weggespring het, hardloop byna in hom vas. Hy haal vinnig oor en wou net skiet, toe die wind warrel en hulle wegspring. Hy is 'n entjie agter hulle aan, waarna hulle in my rigting terugspring. (In werklikheid is hulle agter my verby). Hy en Bennie loop toe maar na 'n rukkie terug bakkie toe. Dit is toe dat hy Abraham se donkies gewaar...

"Ek sou hom darem nou lekker kon skiet as dit 'n koedoe was daardie," dink hy by homself en lê aan op die donkie. "Bam!" sê Karl en stap verder. 'n Entjie verder staan die ander donkie. "Vinnig uit die vuis uit nou, net oplig en skiet," dink Karl by homself en maak so. "Bam!," sê Karl. "Kadoem!," sê die 308. En stuur sy Nossler reguit daar na waar Karl gemik het. 'n Pragtige skoot, ek het mos al so gesê. Karl verbeel hom jou werklikwaar hy het nou 'n skoot gehoor. Nie vêr nie, sommer naby. So asof dit dalk sy eie geweer kon gewees het wat nou net geskiet het. Nie dat hy so iets sou gedoen het nie. "Het ék nou geskiet?" vra hy vir Benjamin. "Ja Pa, kyk daar hardloop die donkie, daar gaan hy..., daar gaan hy...., daar val hy nou!"

'n Nossler kán nogal 'n dodelike skoot skiet - veral op 'n donkie, lyk dit my.

Nou moet Abraham ge-vertel word. Van sy donkie. Nie daardie lelike wit donkie wat al so oud is dat selfs Abraham al gewonder het of hy nie maar geskiet moet word nie - nee - Abraham se mooi jong trek donkie, jy kan maar sê sy trots. Maar Karl weet hoe om óm 'n draai te praat as dit die slag moet. Ons stop by Abraham. Ek sit aan die passasierskant van die bakkie - maar ek moet aan "paal PT deur die obstacle course" in die Weermag dink om die glimlag weg te hou van my gesig af. "Verkoop die mense hier rond nog donkies, of moet mens in

Venda gaan soek vir donkies?," is Karl se eerste vraag. (Geen woord van 'n eensame dooie donkie iewers in die veld nie)

"Nee, daar is nog donkies hier rond te koop," sê Abraham.

"Jy moet maar vir jou 'n donkie soek, koop vir jou 'n mooi donkie, lekker jonk, ek sal hom vir jou betaal" (Ek dink aan daardie dag toe Jan sy vingers vergruis het toe ons met die teerpale oor daai hoë obstacle probeer klim het en ek die bloed probeer keer het- ek glimlag nie)

"Is goed," sê Abraham. Hy lyk nie verbaas oor al die vrae nie.

'n Laaaang stilte. "Daar was 'n groot ongeluk vandag," sê Karl. Hy kyk doer ver na Beetge se rante toe. "Ek het jou donkie geskiet, dit was 'n groot ongeluk, daar was rooibokke en die donkies was so tussen hulle ...... dit was 'n groot ongeluk" sê Karl, maar hy kyk nie heeltemal in Abraham se oë nie - net so half skramserig.

"Was dit die witte?," vra Abraham hoopvol. "Nee, dit was daardie mooi jonge van jou, dit was 'n groot ongeluk."

"Ja," sê Abraham, en ek wonder wat bedoel hy.

Abraham het 'n ruk later vir hom 'n mooi nuwe donkie aangeskaf - Karl kon eintlik maar twee donkies geskiet het so goedkoop het hy daarvan afgekom. Dan sou dit nog goedkoper wees as 'n rooibok. Net jammer Piet Smit wou nie die donkie aanvaar vir die SA Rekordboek nie.

Maar as Karl met min geldelike skade weggekom het, het hy dubbel betaal met ongenadige spot van alle kante af. Op die Junior kamp moes hy dit oor en oor ontgeld. Maar die ergste was die aand toe dit Johan Coetser se beurt was om huisgodsdiens te hou - en dit was nie eers so beplan nie. Ek sien Johan sit so en blaai deur die Bybel - so presies asof hy 'n toepaslike teks soek om tydens huisgodsdiens te lees. Ek sê toe, sonder om verder daaroor te dink, dat Psalm 104 vir my 'n baie toepaslike Psalm is om te lees, aangesien die Psalmdigter die diere van die veld so mooi beskryf. Maar toe Johan met die leesslag later, kom by die stuk oor die "wilde donkies," was dit heeltemal te skielik om aan my swaarkrydae in die Weermag te dink sodat ek nie moes glimlag nie. En toe ek opkyk, sien ek dat dit vir al die ander ouens om die vuur ook te skielik was, want almal het taamlik gesukkel om hulle glimlagge te bedwing. Party het dit darem amper reggekry. Gelukkig mog ons darem na die diens hard lag toe Kolonel van Dyk ewe droog opmerk "Is dit nou nie snaaks nie Karl, dat selfs die Psalms met jou spot?"

Ja, die Kolonel is baie bly dat Karl die ongeluk oorgekom het, want nou kon hy baie maklik wegkom daarmee dat hy amper dieselfde ding oorgekom het met 'n ander donkie - en dit maak dit nie minder erg dat sy donkie streep-pajamas aangehad het nie......

"*Never point a gun at anything you do not want to shoot; avoid all horseplay with a firearm.*" Ja, Karl kan hierdie "commandment" nou rêrig vir die Juniors op die volgende kursus beklemtoon - hy het immers eerstehandse ondervinding oor die saak!

'n Laat nag langs Barend se treinspoor

Dit was die naweek op Nic Fourie se plaas Barend toe ons 'n Junior 2 kursus daar aangebied het. 'n Paar van Soutpansberg tak se nuwe instrukteurs het reeds die teoretiese eksamen as instrukteurs geslaag en moes nou net 'n lesing aanbied om te kan kwalifiseer as instrukteurs. Omdat meeste van hierdie manne alreeds gesoute Professionele Jagters was, manne wat al diep spore getrap het soos Piet Jansen en Bertie Guillaume, het ons besluit dat hulle kursusgangers kan uitneem vir hulle eerste bok in plaas daarvan om 'n lesing aan te bied. Om 'n jong jagter op so 'n jagtog prakties op te lei, is tog in elk geval baie meer vir hom werd as enige teoretiese lesing, veral wanneer dit deur 'n ervare PH gedoen word.

Schalk Robinson was soos altyd ons kampkommandant wat al die manne vol kos moes hou, en my broer Jopie en my Ouboet Gerhard se seun, ook Gerhard, was Schalk se assistente. Dit was Gerhard se eerste kursus as assistent en hy moes al die minder lekker werkies doen, soos halfses in die oggend opstaan om die brekfis koffie te maak, uie en ander groente te skil en dan natuurlik te sorg dat oom Schalk se glas altyd vol bly – wat natuurlik op sigself 'n voltydse jop was. Hy was ook maar effens versigtig vir Schalk, want dis 'n groot oom daardie wat mens dalk nie moes kwaad maak nie!

Die Saterdagaand moes elke kursusganger, soos Letaba tak se gewoonte was, sy storie van die dag se jag vertel. Almal het dit baie geniet om dit te hoor, en mens kry soms groot lag as jy hoor hoe 'n jong mannetjie jou rol as instrukteur in die jagtog beskryf.

Ons jare lange vriend, Montie van Niekerk, het toe nog op Swartrant, die plaas wat hy en oom Kobus Minnaar saam gehad het, gebly. Hy het iewers gedurende die dag van Swartrant se kant gekom, oor Swartrant se wild wering geklim, oor die spoorlyn geloop en weer oor Barend se wild wering geklim, waar Nic hom opgelaai het. Hy het saam met ons lekker gekuier die aand en lekker gelag vir 'n paar van die jong mannetjies se stories.

Maar Montie kan nie net goed jag nie, hy kan veral ook baie goed kuier – en hy hou nie sommer op nie. Die manne van Soutpansberg tak het later al almal gery en almal in die kamp was al in die kooi, toe sit Montie, Nic, Jopie en ek nog steeds en kuier. Toe dit halftwaalf is besluit ons: Montie moet nou huis toe gevat word, anders kom ons nooit in die bed nie! Dit kos oorreding, maar Montie willig darem naderhand in – mits ons 'n vol bottel whiskey saamvat vir die pad – dis darem 'n halfuur se ry tot by die treinspoor!

Ons klim in Nic se oop Landrover, nadat ons darem seker gemaak het daar is 'n koelboksie met ys en ons glase, en ons ry. Maar toe ons by die treinspoor kom, gesels Montie eers lekker. Ons sit en staan rondom daardie koelboksie en haal óú koeie uit die sloot en dissekteer en analiseer hulle en Montie bly dors. En ons kuier natuurlik saam – maar ek en Nic is nie naastenby so kuier-fiks soos Montie nie. Jopie is al een wat min of meer kan bybly by Montie – hy lyk maar soos hy altyd lyk.

Eenuur kry ons uiteindelik vir Montie sover om Barend se lyndraad oor te klim, anderkant gesels hy nog eers verder en dan loop hy oor die spoor en klim weer oor Swartrant se wild wering. Ek kan vandag nie eers mooi onthou of hy meer as een keer geval het in die proses nie – soos ek gesê het, Montie kan kuier!

Nou moet ons terug na Barend se jagkamp toe – Nic, Jopie en ek. Maar Nic het waarskynlik toe hy begin ry, 'n "responsibility attack" gekry met die besef dat hy twee passasiers het, of anders weet ek nie hoekom hy teen 'n duiselingwekkende spoed daar wegtrek nie – teen die afdraandes haal ons maklik 5 km/h! En hy ry al stadiger en stadiger soos ons verder gaan – slegte plekke op die pad kruip ons teen 'n slakkepas. Op een plek kom 'n skilpad met 'n spoed van agter af by ons verby. (Oukei, die laaste sinnetjie is 'n lieg – daar was nie 'n skilpad nie – maar ek is seker as daar een was, sou dit net so gebeur het). Waar ons met die gaan-slag 'n halfuur gery het, neem dit ons presies twee en 'n halfuur om weer terug by Barend se kamp te kom!

Ek kan nie glo dat ons te veel geraas het toe ons om half-vier die oggend in die kamp inkom nie, want niemand het wakker geword nie – net Gerhard, toe ek en Jopie, wat saam met hom in een kamer slaap, die lig aansit sodat ons kan sien hoe om te gaan slaap. Hy sit regop in sy bed, baie deurmekaar omdat hy wakker *geskrik* het in plaas van wakker *geword* het. Hy sien ons het ons klere aan en hy vra: "Hoe laat is dit?."

Jopie sê: "Dit is al amper sesuur, jy sal moet spring om te gaan koffie maak, oom Schalk gaan nóú wakker wees en dan het jy nog nie eers die ketel aangesit nie – hy gaan vir jou op-donner!"

Gerhard spring vervaard uit die bed en trek sy klere aan. Hy draf uit die kamer uit kombuis toe. Ek en Jopie trek ons klere uit en slaapbroeke aan en klim in die bed – ons kan nog maklik twee ure se slaap inkry as ons dadelik kan begin slaap!

Gerhard kom terug in die kamer – hoogs befoeterd. Brom toe hy ons soos twee laerskool dogtertjies hoor giggel: "Dis nie 'n f***n grap nie!," trek sy skoene uit en klim met klere en al in die bed. Dan draai hy hom op sy sy en slaap onmiddellik verder!

Jopie en Karl se bok

Die Zimbabwe waarin hierdie storie gebeur het, bestaan nie meer nie. Troppe elande soos ons met ons eerste besoek daar aangetref het, sal jy nie weer daar sien nie en van die plaasopstal en opset het niks oorgebly nie. Die eienaar se vrou werk nou by Lion & Elephant en die eienaar self huur vêraf 'n ander stuk grond. Die verwoesters het oorgeneem ….

In hierdie storie se tyd was dit anders, so 'n paar jaar gelede, so ek sal die storie ver moet gaan haal om by die begin te kan begin, jy kan maar sê om redes en verskonings ensovoorts te probeer bymekaar maak vir Karl en Jopie.

Want ons het mos die slag daar in Zimbabwe gaan elande jag – "ons" bedoelende Karl, Jopie, Henk, Johan Rondevoet en ek, met Karl en Henk se seuns Bennie en Werner wat ook saamjag en Jacobus wat nog nie groot genoeg was om groter goed as wat hyself is, te mag jag nie. Sondag kom ons op die plaas aan, Sondagmiddag wys die boer ons die kampe en grense, en Maandagoggend begin ons jag. Die boer laai vir Karl en Bennie sewe uur die oggend af, en kwart-oor-sewe lê die groot blou bul. Karl se jag was net vyftien minute lank! Dinsdagoggend, toe daar vier elande hang, sê die boer se vrou "You are VERY lucky!"

Woensdagmiddag, toe daar ses elande en 'n kameelperd se vleis hang en lê dat daar nie meer 'n hol ding of 'n oop plek vir vleis is nie, sê sy "No, you are not lucky, you are HUNTERS!" En alhoewel ons haar verseker het dat ons rêrig maar net "lucky" was, het dit gemaak dat ons miskien dalk maar 'n bietjie oor-selfversekerd was toe ons twee jaar later weer daar gaan jag.

En dit bring my by ons storie. Twee jaar na bogenoemde jag gaan ons toe in twee groepe op - Ek en Jopie en Jacobus en Karl en Bennie en Ouboet Gerhard en sy seun Gerhard die eerste week, met Henk hulle die tweede week. Die naweek tussenin sou ons dan saamkuier. Maar oormoedig - ons koop sommer sakke speserye en kanne asyn en worcestersous - als wat ons die vorige keer te min saamgevat het en by die boer moes oorneem. En ons maak net planne hoe ons hierdie keer al daardie elande gaan bewerk. Karl het pas 'n 416 Rigby gekoop en hy is net lus om hom te doop met eland bloed. Op pad soontoe sien ons die veld is groen - lekker gereën, maar net tot so dertig kilometer duskant die plaas. Die plaas self is dor, maar ons bly oormoedig. Totdat ons begin loop - en elandspore is so skaars soos hoendertande. Daar is eintlik net die mopanie strook aan die noordelike grens van die plaas wat 'n groenigheidjie het met, soos ons nou later die spore leer ken, net ses elande wat in en uit die plaas beweeg (dit is 'n "oop" plaas, m.a.w. nie met wildwering omhein nie). Meer uit as in, kom ons later agter. Ons sien die hele week net een eland vir omtrent ses millisekondes - 'n jong bul wat ek Maandagmiddag plattrek en goed doodskiet dat ons darem iets het (ek hou aan skiet totdat hy bly lê!). Ons loop daardie hele plaas plat - maar daar is nie nog 'n eland op daardie yslike grote plaas nie. Ek help naderhand loop (al het ek my eland) uit medelye vir die ander ouens se seer voete. En die manne is LUS - lus om 'n sneller te trek en almal loer al meer na die groot kameelperde. Woensdag is Ouboet slim genoeg om 'n kameelperd te skiet (maar kameelperde is 'n storie vir 'n ander dag) sodat hy darem ook (baie!) vleis het.

Intussen help Jopie en Karl vir Jacobus soek na 'n rooibok. Jacobus het vroeër 'n vark geskiet en wil nou met alle geweld 'n rooibok plattrek. Dit was Woensdag of Donderdag dat hulle met die ryery na die jagveld skielik op 'n groot trop rooibokke afkom. Daar word bekruip en gekorrel en Jacobus skiet - maar die 308 is nog 'n bietjie groot en swaar vir hom en dis mis. Intussen het die LUS by Karl heeltemal hande uitgeruk, en toe die rooibokke begin maal, laat waai hy, 410 grein loodkoeël en al. Jopie soek nog om te sien of Jacobus nie iets raak geskiet het nie en toe Karl die effek van daai tamaaie koeël sien, sê hy "O (groot woord), kyk daai ding se derms hang uit!" Jopie, wat nog met Jacobus se bok in sy gedagtes spook, kom tot net een gevolgtrekking: Jacobus het 'n rooibok gekwes, en hy laat waai na die arme rooibok met 'n 300 gr .375 sagte punt. Die rooibok, om dit saggies te stel, kon hierdie laaste strooi nie verwerk nie.

Ek kom laatmiddag uit die veld uit. Van ver af sien ek dat Jopie en Karl iets aflaai en wegry kamp toe. Nou kyk, dit lyk darem baie verdag. Gewoonlik as iemand iets aflaai word rondgestaan en gekyk, en die ouens wat in die kamp is en die boer en sy vrou kom kyk en daar word 'n biertjie geknak om die stof af te spoel en so. Maar net wegry? Ek sien hier is 'n ding en stap nader - en toe sien ek hoekom...

Op die slagplek se vloer lê 'n rooibokkie wat jy kan maar sê nog bies om sy bek het so klein is hy - om die waarheid te sê sal hy dalk nie eers die minimum Rowland Ward afmeting vir 'n duiker maak nie - dis nou 'n blouduiker. En op sy blad is 'n gemors wat presies lyk asof daar 710 grein lood deur is - amper soveel as die 8 kg wat dit uitgeslag het!

Die kweskoedoe op Piet

Ek is baie lief vir jag, maar as daar nou een soort jag is wat ek nie kan verdra nie, is dit om saam te gaan op 'n sogenaamde korporatiewe jag – dis die soort jag waar 'n besigheid gewoonlik sy kliënte op 'n jag trakteer. Trouens, ek gaan selfs nie eers meer saam op 'n jag waar daar meer as drie of vier persone is nie. Nou het ek baie begrip daarvoor dat die meeste wildsboere korporatiewe jagte moet hê om al die baie onkostes wat so 'n jagplaas genereer, te kan bekostig. Veral as daar die jaar gevoer moet word, word die onderhoudskoste van die plaas astronomies. En nou is dit ook waar dat, soos ek en my jagmaat Danwilh deesdae jag, ons beslis 'n baie onlonende naweek vir 'n jagplaaseienaar beteken! Daarom dat ons baie dankbaar is dat Karl en Nic ons nog toelaat om alleen by hulle te kan kom jag, dit terwyl hulle dalk 'n ander baie groter groep jagters vir daardie naweek kon kry om te help dra aan die plaas se uitgawes.

Die enigste jag wat naastenby as 'n korporatiewe jag kon deurgaan wat ek bygewoon het, (die besigheid het twee of drie kliënte saamgeneem en al die manlike werknemers, maar elkeen moes vir sy eie bokke betaal) was toe ek een jaar saam met D&D gegaan het na my goeie vriend Nic Fourie se plaas Barend. Ek het op 'n jaarlikse kontrakbasis vir hulle ontwerpe gedoen en ek kon nie juis weier om te gaan nie. Daar was soort van verwag dat elkeen wat daar werk, moes gaan, en buitendien het almal geweet hoe lief ek is vir jag en sou dalk dink ek is opstêrs as ek sê ek wil nie met hulle saamgaan nie.

Nic het op daardie stadium so pas die buurplaas *Piet* bygekoop en hierdie plaas was toe nog nie met wildwering omhein nie. Nic weet dat ek graag alleen jag sonder 'n gids, en hy sê toe vir my: "OK, Piet is jou plaas – niemand anders sal daar kom nie."

Ek het myself al baie keer afgevra wat die rede is hoekom ek nou eintlik 'n jagter is, en ek het telkens tot die slotsom gekom dat daar net een werklike rede is: "Om alleen in die bos te kan wees" – en dit beteken baie beslis *sonder 'n gids*! Die skiet van die bok is maar 'n baie minuskule gedeelte van die jag – jy kan maar sê dis net 'n paar millimeter van die jag (die gedeelte waar jy die sneller druk) as die hele jag die baie kilometers is wat jy tydens die paar dae se jag loop, of miskien een millisekonde van drie of vier dae se tyd. Nee, die hoofsaak is daardie tyd alleen in die bos! Daarom het ek dit baie waardeer toe Nic hierdie woorde aan my sê.

Ek ry met my Nissan bakkie deur die wildwering se hek na Piet se ou opstal toe, parkeer daar en begin stap. Ek wil baie graag 'n koedoekoei skiet vir vleis. Maar onmiddelik as ek begin loop, is die wind verkeerd. Ek probeer dwars op die windjie stap, maar by die eerste koppie ná Piet se opstal sien ek dit gaan nie werk nie en ek loop terug bakkie toe. Ek besluit om tot teen Piet se noordelike lyndraad, die lyndraad tussen die staatsgrond en Piet, te ry, en dan al langs die lyndraad op vir 'n hele ent. Daar sal ek dan stop en terug jag na Piet se opstal toe.

So besluit, so gemaak. Maar so 'n hele ent teen die noordelike lyndraad op is daar 'n baie lekker uitkykpunt, net bokant die koppie wat ek later uitgevind het hulle *Giam se Koppie* noem. Ek stop daar en loop parallel met die lyndraad tot aan die oostelike punt van hierdie hoogte en gaan sit. Dis pragtig hier van bo af, mens kan wyd sien, en reg onderkant my lê die breë sandsloot in 'n oos-wes rigting.

Dan sien ek uit die hoek van my oog 'n beweging op die rantjie suid van my – dis rooibokke! Hulle is min of meer in my rigting op pad. Ek kruip 'n ent terug op die rantjie soos ek gekom het, en effens laer teen die suidekant van die helling af. Dan sien ek die rooibokke draai weg van my af en sal suid van Giam se koppie verbygaan. Ek gee hulle kans om daar te kom, en kruip dan na Giam se koppie toe.

Maar ek is nog nie naby daar nie of ek vang weer 'n beweging op, 'n bietjie meer oos van waar die rooibokke was toe ek hulle eerste keer gewaar het. Dis koedoes! Hulle beweeg in 'n reguit lyn na die sandsloot toe, onderkant die plek waar ek netnou gesit en kyk het! Nou kruip ek maar weer terug al op my spoor van netnou.

Toe ek by my vorige sitplek kom, is die eerste koedoekoei net besig om deur die sandsloot te gaan – maar haastig! So vyf tree voor my is 'n mopaniboom waar ek kan dooierus vat, want die koedoes is bietjie ver, en ek kruip soontoe. Nou is ek reg vir hulle! Maar elke koei wat in die sandsloot verskyn, verdwyn bitter vinnig onder die bome op die linkerkantste oewer – nie een wil vassteek nie. Dan verskyn 'n pragtige koedoebul in die sloot – die sultan van sy harem, en hy steek vas in die sloot!
Hy snuif die lug soos net so 'n koedoebul kan snuif as een van sy koeie op hitte is – neus hoog in die lug.

Hy draai en staan baie skuins, amper reguit na my toe. Daar is nie eintlik tyd om te dink of my bankbalans baie of minder baie in die rooi is nie – Karl Osmers het altyd gesê jy vat wat die bos jou gee. (Ek glo nie hy sê dit vandag nog siende wat 'n koedoebul nou kos nie!) Ek sal die koedoe omtrent op die voorpunt van die skouer moet skiet om by die hart uit te kom. Ek weet die 300gr Rhino uit my 375 H&H sal penetreer tot waar hy gemaklik voel om tot ruste te kom – maak nie saak hoe ver hy deur die koedoe moet gaan nie.

Die koedoe is bietjie ver, maar ek voel nie te sleg oor die skoot toe dit donderend afgaan nie. Ek sien die koedoe ruk en ek weet dit is raak. Dan verdwyn hy aan die regterkant onder die bome op die suidelike oewer van die sandsloot. Ek kyk vir wanneer hy tussen die bome uitkom, maar ek sien hom nie weer nie.

Ek loop tussen die klippe teen die helling af na waar die koedoe gestaan het en sien dadelik die helderrooi bloed – nie die longe ook geraak nie, dis snaaks. Ek volg die spoor teen die oewer uit na waar dit reg oos draai – dis hoekom ek nie weer die koedoe gesien het nie, hy het onder die bome op die oewer gebly. Toe ek 'n hele ent op die spoor geloop het, besef ek: Daar is iets fout, as die koeël gegaan het waar ek dit bedoel het om te gaan en waar ek gedink het dit wel gegaan het, moes die koedoe al lankal gelê het. Daar is net een genade, ek sal moet terugloop bakkie toe en vir Nic moet gaan kry dat ons kan spoorsny.

Dan hoor ek 'n voertuig. Ek kan dit nie verstaan nie, want Nic het tog gesê hier sal niemand anders op Piet kom nie. Ek volg die spoor totdat dit oor die paadjie gaan en wag dat die voertuig moet verbykom.

Dis Nic met nog ander mense op sy Landrover. "Jy kom of jy gestuur is!" sê ek vir Nic, "ek is darem wragtig bly dat jy nou op presies die regte oomblik hier aangekom het!." Ek wys hom die spoor. Ek en hy en Tinus Erasmus, wat saam met hom gery het, loop op die spoor. Dan sien Nic dit gaan dalk 'n lang storie word en hy vra of Tinus nie sal terugry om vir Bloedhond (of sommer kortweg Bloed, sy spoorsnyer) en vir Samson te gaan haal nie? "Dis reg," sê Tinus "maar vat dan my 30-06 by jou sodat julle twee gewere kan hê," en hy gee vir Nic sy geweer. (Nic het nie sy eie geweer saamgebring nie).

Ek en Nic volg die spoor 'n hele ent ver wanneer Nic my skielik aan die arm gryp en wys: daar teen die oorkantste rant staan die koedoe – hy kyk reg weg van ons af. En toe doen ek 'n baie dom ding: in plaas van om die koedoe te skiet op sy lyf waar ek 'n lekker groot teiken het, wil ek hom nou dadelik *morsdood* skiet en ek mik vir sy nek waar die kop en lyf bymekaarkom. Dis 'n baie klein teiken vir so 'n ver skoot uit die vuis uit en ek skiet heeltemal mis!

Nou is daardie koedoe se brieke behoorlik los en hy vlieg met 'n vaart weg. "Nou moet ons maar eers sit en wag totdat Bloed en Samson kom," sê Nic. "sodat daardie koedoe eers bietjie rustiger kan word."

Na 'n hele ruk se wag kom Bloed en Samson by ons uit – nou kan ons in alle erns begin spoorsny – hulle kan die spoor vat en ek en Nic kan altwee voor kyk of ons die koedoe gewaar. Ons volg die spoor rant-op en rant af – hy kan nie te swaar gekwes wees as hy nog kans sien vir die rante nie, anders sou hy in die leegtes gehou het.

Na 'n baie lang ruk halt Nic ons. "Ons is nou al naby die hoekpunt tussen Piet en die staatsplaas. As ons hom nou nog veel verder druk, gaan hy naby die hoek in die staatsplaas inspring." Daar is net 'n gewone vier voet beesheining tussen Piet en die staatsplaas – ons kan nie die koedoe teen 'n wildwering vaskeer nie. Buitendien spring hulle sommer oor of deur 'n wildwering ook as hulle paniekerig raak.

"Wag julle hier vir twintig minute," sê Nic vir my en die twee spoorsnyers. "Ek gaan hiervandaan reguit na die staatsplaas se heining toe loop en daar sit en wag. Dan kom julle na twintig minute op die spoor aan en as hy dan oor die draad wil spring, sal ek hom daar doodskiet"

Dis 'n goeie plan, en ons gaan sit in die koelte. Dan, na omtrent tien minute – klap daar skielik 'n skoot. Ek kan hoor dis raak. "Nic het hom!" sê ek vir Bloed en Samson. "Kom ons loop daar na waar ons die skoot gehoor het."

Ons begin loop, maar skielik bars hier 'n koedoe naby ons uit die bos van Nic se kant af. As ek die rooi smeersel op die blad sien skiet ek en hy val. Dis my koedoe! Ek sien my eerste skoot is presies in waar ek gedink het dit is, maar die koedoe het baie meer reguit vir my gekyk as wat dit vir my gelyk het. Die koeël is reguit, parallel met die lyf, weer aan die agterkant van die blad uit. Ek het dus net deur die vleis van die blad geskiet!

Maar daar is ook 'n ander fout met hierdie koedoe, besef ek. "Nic het 'n ander koedoebul geskiet!" sê ek vir Bloed, hierdie koedoe het net my twee skote op!

Ek sê vir Samson om saam met my te loop na Nic toe, en laat Bloed by my koedoe bly – as ons vir Nic misloop, moet Bloed vir hom sê ons gaan my bakkie haal. Ons kry nie vir Nic nie, en ek en Samson loop na my bakkie toe. Dis bitter ver, nou sien ons eers hoe ver het ons die spoor gevolg.

Ons moet met 'n groot ompad terugry na my koedoe toe, want die Nissan bakkie kan nie deur die sandsloot kom langs die lyndraad af nie. Toe ons uiteindelik by my koedoe kom, is Nic ook daar. "Waar is jou koedoe?," is my eerste vraag aan hom.

"Ek het hom gekwes!"

Nou ja, ons was pootuit en dit was laatmiddag en ons het die volgende dag eers weer wyd gesoek na Nic se kweskoedoe – tot in die staatsplaas in.

Ons het sy koedoe nooit gekry nie!

Buffeljag en die winde van verandering

Op 3 Februarie 1960 lewer die destydse britse eerste minister, Harold MacMillan, sy beroemde toespraak voor die Kaapse parlement oor *"Die winde van verandering"* wat oor Afrika begin waai. Dat ek en my goeie vriend Daan Roux dit veertig jaar later eerstehands sou ervaar en dit nogal op twee heeltemal uiteenlopende maniere, sou ek darem nie sommer voor die tyd vermoed het nie.

Ek is eintlik effens onder dwang om hierdie storie te vertel, want Daan dreig nou al 'n paar jaar om hierdie storie te skryf, natuurlik ten koste van myself en uit sy eie verwronge perspektief. Daarom dat ek hierdie storie nou maar net self sal *moet* vertel.

So 'n hele paar jaar gelede bel Daan my skielik eendag uit die bloute met baie opwindende nuus. "Ons het 'n buffelpakket getrek op Andover!." Eers dog ek hy trek my been, mens kan hom nie normaalweg sommer goedsmoeds glo as hy met iets snaaks vorendag kom nie. Maar ek kan darem vaagweg onthou dat hy eendag vir my gesê het hy vul ons name in vir die trekking vir buffelpakette. Ons is in die wolke – 'n buffelbul vir R15000 en dit in 'n wildtuin waar die goed mos volop behoort te wees!

Maar nou begin ons allerhande gerugte hoor, soos dat daar nie buffels is nie, dat daar net koeie is, dat die goed vrek wild is ensovoorts. Ons raak bekommerd en ons batterye is so effens nat gepiepie, daarom bel Daan iemand van Natuurbewaring op Phalaborwa (wat onder andere die probleemdier-beheer in die Laeveld doen) om sy raad te vra. Die ou praat baie versigtig en wil homself nie kompromiteer nie. Sy raad aan Daan is: "Ek sou eers self gaan kyk as ek julle is – voor julle die deposito betaal." Sien, die probleem is dat ons R15000 deposito moet betaal voor ons gaan jag, en as ons nie 'n buffel skiet nie, verloor ons dit.

Daan huur vir ons 'n klein vliegtuigie en ek, Daan, sy vrou Elmarie en sy twee kinders vlieg Andover toe. Ons vlieg verskeie kere heen en weer laag oor die park. Nadat ons die hele park heeltemal deurgekyk het, is ons taamlik oortuig dat daar basies net een redelike buffeltrop in die park is, met twee buffelbulle wat 'n ent van hulle af maar steeds naby die trop wei. As daar ou dagha-bulle in die riete was, is die waarskynlikheid natuurlik skraal dat ons hulle sou sien. Dit lyk ook of daar ten minste een of miskien twee (skietbare) bulle in die trop is.

Terug op Tzaneen moet ons nou besluit – gaan ons die kans waag, of nie? Ons is die tweede groep wat gaan – die kanse is goed dat die twee bulle op die perimeter van die trop deur die eerste groep jagters geskiet sal word. As ons dus nie 'n daghabul se spoor kan kry nie, los dit ons met 'n baie klein kans om elkeen 'n bul te skiet!

Maar ons is nie sissies nie en ons besluit ons gaan die kans waag – dis immers die geleentheid van 'n leeftyd! Daan betaal die deposto oor – as ons dan die buffels geskiet het, betaal ek die ander R15000, of as ons niks kry nie, moet ek vir Daan R7500 betaal.

Ons arriveer die Maandagoggend by die kamp met my blou Landcruiser en Daan se bakkie en meld by die kantore aan. Ons hoor al die reëlings: ons kry 'n jong spoorsnyer, die hele kamp is ons s'n en daar mag niemand anders in die park wees nie, en ons moet Saterdag die kamp verlaat. Ons laai al ons goed by een van die bungalows af en haal gou die deure van my landcruiser af. Ons spreek af met die gids om ons twee uur te kry. Ons kyk die kamp deur, maak vir ons iets om te eet en dan is dit twee uur. Die spoorsnyer vertel ons dat die vorige groep een buffel geskiet het en 'n ander een gekwes het – hulle kon hom nie kry nie. Dit was die twee bulle aan die perimeter van die trop. Dit laat vir ons min opsies oor!

Die spoorsnyer het 'n idee waar die trop laas geloop het en ons ry na die watergat in daardie omgewing om spore te kyk. Hy weet te vertel daar is glad nie daghabulle waarvan hy weet nie, maar ons vermoed hy is óf bang óf nie lus vir die harde en gevaarlike werk om hulle in die rietbosse op te spoor nie. Ons besluit om maar eers die trop se spore te soek.

By die tweede watergat wat ons besoek, kry ons die trop se spore waar hulle die oggend gedrink het. Nou begin die groot loop. Ons kry nie daardie middag die buffels nie, maar ons loop met die grootste geluk in die wêreld in die ruigste bos in 'n donga reg op die gekweste buffel af waar hy gaan vrek het. Die vorige jagter gaan baie bly wees! Ek stel 'n "waypoint" op my GPS wat ek later, toe ons weer by die kamp kom, vir die vorige jagter telefonies deurgee.

Die buffel begin al lekker vrot, maar nou stel ons spoorsnyer nie meer in buffelspore belang nie – hy wil nou met alle geweld terug kamp toe sodat hy mense kan reël om die vleis te kom haal. Wanneer ons hom dwing om spoor te vat, raak hy nors en verloor kort-kort die spoor. Ons gee later moed op en loop terug Landcruiser toe en kom skemer by die kamp aan.

Daardie aand hoor ons 'n skopsuiltjie se "kroe.., kroe .... in die bosse naby ons hutjie en Daan vat 'n flits en ons gaan bekyk eers hierdie pragtige uiltjie van naby. Dat so 'n klein uiltjie nou so 'n groot heimwee (so klink dit vir ons) in so 'n kort roepsein kan uitgolf!

Die volgende dag toe ons op pad is na 'n watergat toe om die vroegoggend se buffelspore te soek, sien ons die buffels drie bulte ver met 'n spoed oor die pad hardloop. Dis duidelik dat hulle vir die bakkie se geluid weghardloop! Hoekom is buffels in 'n wildtuin so wild vir 'n bakkie? Ons is seker nog 'n goeie ses honderd meter van hulle af weg! Buffels of ander wild in 'n wildtuin hardloop mos nie vir karre weg nie?

Ons vat hulle spoor maar die jong spoorsnyer is óf nie ervare genoeg nie óf nog steeds lus om die vrot vleis te gaan oplaai. Ons verjaag die buffels een keer en om 11h00 vertel die spoorsnyer ons dat hy nóú *moet* teruggaan kamp toe aangesien hy die middag moet ry omdat hy die volgende oggend by 'n hofsaak moet wees. Hy is baie vaag waaroor die hofsaak gaan en ons sou eers twee weke later agterkom waaroor dit nou rêrig gegaan het ....

Terug by die kamp kry ons twee ander spoorsnyers, een ou Sjangaan en een effens jonger, maar darem heelwat ouer as die eerste jongetjie. Na 'n vinnige ete vat ons weer die pad na waar ons die buffels gelos het. En uit die staanspoor is dit duidelik dat hierdie twee spoorsnyers baie meer ervare is en weet waaroor die werk gaan. Ons is gou op die buffels se spoor, en dit neem ons nie baie lank om tot naby hulle te kom nie. Hierdie spoorsnyers weet wat hulle doen!

Dan, as ons nader kruip, draai die windjie skielik en daar gaan die hele trop buffels met hoewegedonder en die gekraak van takke van ons af weg. Dan die doodse stilte. En dan maar weer van voor af begin....

Maar ongelukkig word hierdie patroon op ons orige twee en 'n half dae herhaal. Telkens verraai die bedrieglike windjie ons en hulle vlug, hierdie buffels is onnatuurlik wild. Soms hardloop ons saam wanneer hulle hardloop en steek vas wanneer hulle gaan staan, maar die kere wat ons wel 'n kans kry op 'n skoot, sien ons net koeie – geen bul nie. Ons loop, op die GPS gemeet, 100 kliometer in die week se tyd. Dan het ek nie die loop na 'n watergat toe wanneer ons so 300m weg stop en dan gaan spore kyk en weer terugloop Landcruiser toe, ge"log" nie.

Die beste kans wat ons kry, is een keer toe ons die hele trop amper by ons het, net aan die agterkant van 'n groot wildevyboom. Dan sien ons 'n koei met 'n allemintige wye stel horings seker veertig tree van ons af. Daan, wat ook 'n Professionele Jagter is wat elke jaar een of twee oorsese jagters op jagte uitneem, gaan onmiddelik oor in "PH mode" en trek my aan die arm en beduie ek moet skiet omdat dit 'n besondere wye-horing koei is. Maar ek wil nie skiet nie – ek het al 'n (jong) buffelkoei geskiet en wil 'n bul skiet, ek wil ook nie R15000 vir 'n koei betaal nie. Ek wys Daan moet skiet, hy tel sy geweer op, huiwer effens, en daar gaan die koei! En natuurlik saam met haar die hele trop!

"Hoekom het jý nie maar geskiet nie?" vra ek vir Daan – "vir jou as trofeejagter sou daardie wye horings baie beteken – jy het tog al baie ander buffels geskiet?"

"Nee, sê Daan, dit was 'n bietjie moeilike skoot met die 458 met oop visier"

Die enigste kans wat ek op 'n bul gehad het, was toe ek met my 375 dooierus teen 'n boompie se stam, 'n buffelbul agter die oor kon skiet – ek kon net die kop sien. Maar reg agter die kop kon ek nog 'n kop sien en verder agtertoe nog 'n buffel – al drie in lyn. My 300 grein monolitiese koeël sou waarskynlik die eerste bul morsdood geskiet het en twee ander buffels gekwes het. Geen regte jagter sal so 'n kans vat nie. As ek geweet het wat ons later geweet het, sou ek dalk geskiet het. Nou goed dan, ek sou nog steeds nie geskiet het nie, maar twee weke later het ek op 'n stadium gevoel ek moes maar geskiet het.

Ons loop ook amper in 'n witrenosterkoei vas wat vas aan die slaap onder 'n bos lê. Na ons haar 'n ruk lank bekyk het, baie in ons skik om so 'n geluk te kon oorkom, loop ons 'n wye draai om haar – verder op die buffelspore.

Twee ander snaakse goed het ook nog gebeur, wat vir ons onverklaarbaar was, net soos die buffels wat so verskriklik wild is in 'n wildtuin waar hulle veronderstel is om hondmak te wees.

Die eerste is dat daar vanaf ons tweede aand, elke aand persone in nog drie ander huisies tuisgegaan het. Hulle het ons dan uitdruklik verseker dat NET ons daar mag wees vir die hele week! Die tweede snaakse ding wat gebeur het, is dat ons by twee geleenthede op die buffelspore, wanneer ons oor 'n pad gaan, twee motors vol mense met strak gesigte voor ons sien verbygaan...

Vrydagmiddag gaan ons na die kantoor toe en vra of ons nie maar die Saterdag ook nog kan jag nie. Daar is 'n ander swarte in beheer en hy vertel ons kortaf dat ons die volgende oggend moet uit wees en klaar!

Twee weke later, by die huis, lees ek die hoofberig in ons plaaslike koerant, en skielik maak alles vir my sin – weet ek glashelder hoekom die buffels so wild was, hoekom die eerste spoorsnyer moes hof toe, selfs hoekom hy die vrot vleis wou gaan haal. Ook hoekom daar so baie mense in die kamp was en deur ons jagveld gery het en selfs hoekom hulle gesigte so strak was. Want hier skeeu die hoofopskrif dit uit: "Die parkhoof van Andover natuurreservaat was die hoof van 'n sindikaat wat renosters en buffels in Andover en in die omgewing ge-"poach" het en duisende rande uit die horings, tande en vleis gemaak het! Hy en 'n hele paar van sy natuurbewaarders is in hegtenis geneem."

So het die *"Winde van verandering wat deur Afrika waai,"* ons buffeljag op 'n totale mislukking laat uitloop. En ons het ons R15000 deposito verloor. Waar is die ou Afrika waar 'n wildtuin nog rêrig wildtuin was?

Maar my storie is nog nie klaar nie. Ek het nou seker al die draaie geloop wat ek kon om hierdie deel van die storie te vermy – nou moet ek maar deurdruk. Dis die deel wat Daan nou so lank al dreig om te skryf, waar ook die "Winde van verandering" op 'n totaal ander manier ons buffeljag in die wiele gery het...

Soos ek reeds gesê het, het Daan al etlike dosyne buffels geskiet en seker baie kilometers op hulle spore geloop. Daarom was hy elke dag deeglik voorbereid op die baie kilometers wat mens op buffelspore stap. In sy bladsakkie, of "moonbag" in boere-afrikaans, het hy allerhande eetgoed wat vir daardie ekstra energie moet sorg. Ook 'n paar Liquifruits vir die dors. Ek dra net my pyp, twak en vuurhoutjies saam vir energie en Karl Osmers het my geleer dat jy twee of drie liters water moet drink *vóórdat* jy begin jag, wat sorg dat jy die hele dag nie weer dors word nie.

Maar by elke plek waar ons 'n slag wag (as die spoorsnyers die spoor verloor het en rondsoek, of ek hulle stop om eers 'n pypie te rook), deel Daan nou eers vir my ook van sy energiegewende eetgoed uit – dis verskillende soorte neute en droëvrugte en ek weet nie wat nog alles nie. Soms in die loop kry ek ook nog 'n koudingetjie.

Nou of dit gehelp het vir die energie, kan ek nou nie rêrig met sekerheid sê nie, dat dit 'n ongenadige kompressie in my maag opgebou het, kon ek wel met pynlike sekerheid sê. Naderhand opgeblase in die ergste graad.

Daan sit al lankal met 'n spastiese dikderm – hy is gewoond daaraan om altyd net so 'n klein draaitjie windaf te loop as daar mense by is en baie onskuldig en geruisloos van enige winderigheidjie ontslae te raak sonder dat enigiemand iets agterkom. Ongelukkig het ek nie die luukse van jarelange ondervinding en oefening in hierdie geruisloosheid nie. Ek weet uit mý ondervinding dat ek hierdie probleem van die opgeblasenheid hoegenaamd nie geruisloos gaan oplos nie. Inteendeel, dit gaan eerder die teenoorgestelde wees, soos in die 1812 overture – dié deel waar hulle buitekant die operahuis die kanonne afskiet op presies die regte oomblikke waar die musiek binne die operahuis dit vereis.

Nou wil ek nie graag myself in 'n verleentheid stel hier voor Daan en die twee spoorsnyers nie, en dan is daar natuurlik die buffels ook, wat baie naby is – en buffels het uitstekende ore.

Daarom sorg ek dat ek al verder agter raak, maar ongelukkig blyk dit toe dat dit nie ver genoeg agter was nie. Want toe die 1812 overture se eerste skote begin klap, steek die ou spoorsnyer, wat half doof is en dink die ander spoorsnyer het iets gesê, vas, kyk om na die ander spoorsnyer en sê vererg: "He?!" Die ander spoorsnyer beduie heftig hy het niks gesê nie, sê iets vir die oue in Sjangaan, en kyk vir my. Die ou spoorsnyer kyk nou ook vir my – effens verleë. Daan kyk ook vir my, en bars kliphard uit van die lag. Ek is skoon verbouereerd dat almal so na my kyk en hoogs verleë!

So het, op 'n heeltemal ander manier, die "*Winde van verandering*" gesorg dat ons nie 'n buffel kon skiet nie. Want die *winde* het (saam met Daan se harde gelag) gesorg dat die buffels baie skielik 'n *verandering* in posisie ondergaan het – ons het hulle nie weer daardie dag gesien nie!

Jan wil dorp toe!

Jan Fereirra was eenkeer saam met Danwilh op ons jaarlikse jagnaweek op Vrienden, Neels en sy pa Ossie Osmers se plaas op Huntleigh. Leon van der Vyver het saam met hulle gery om vir ons kos te maak, en Danwilh se susterskind se man, Marius, het al die pad van PE af gery om ook saam te jag.

Jan was nie 'n jagter nie – baie ander dinge, ja. Hy het ook nie saamgekom om te kom jag nie – net te kuier. Baie eksentriek, met 'n selfbeeld en selfgeloof wat gegrens het aan arrogansie, en dan was hy 'n besigheidsman. Dat hy 'n *baie goeie* besigheidsman was, kon jy agterkom aan die feit dat hy net 'n handjievol vriende gehad het en 'n legioen vyande of mense wat hom nie kon verdra nie. Soos wat ek vóór Jan eendag daar in die veld vir Leon gesê het: "Jy kan met Jan vriende wees en jy kan baie lekker saam met hom kuier, moet net nie met hom besigheid doen of vir hom werk nie!" en ek vra vir Jan: "Is, dit nie so nie, Jan?." Hy kry 'n verleë laggie en sê:"Ja, jy is seker reg!"

Die eerste aand om die vuur begin Jan ons sy lewensverhaal vertel – dit klink rêrig soos iets uit 'n storieboek – maar geskryf deur 'n skrywer met 'n fantastiese verbeelding. Hy vertel hoedat hy in Swaziland, waar sy pa 'n boer was, grootgeword het. Na skool het hy by die Weermag aangesluit en gou gesien dis nie vir hom so lekker nie. Toe hoor hy die ouens in die vloot het baie lekkerder en hy kry 'n oorplasing soontoe. Maar hy vind gou uit dat om iets te hoor van ander mense en om dieselfde ding persoonlik te ervaar, twee verskillende dinge is. Hy het ook nie lank daar uitgehou nie, toe bedank hy. En gaan terug plaas toe in Swaziland. Maar hoekom moet ek die storie vertel? Ek laat hom liewers self vertel:

"Ek kom toe op die plaas aan en hang maar so daar rond. Na twee weke vra my pa my eendag: "Nou wat kom maak jy nou eintlik hier?" "Ek het maar gedink ek wil dalk ook maar kom boer, Pa" My pa het 'n ruk lank stil gebly, toe sê hy: "Swaziland het nie eintlik meer plek vir blankes nie."

Nou ja, ek het mooi verstaan wat hy eintlik vir my sê, en besluit toe ek moet maar seker iewers gaan werk. Waar sal mens nou eintlik werk kry? Aa, seker Johannesburg, dis mos 'n groot plek, daar is seker baie werk. Met die bietjie geld wat ek nog gehad het van my Vlootpay, huur ek toe 'n vriend om my Johannesburg toe te vat met sy kar. "Ek gaan daar werk," sê ek vir hom.

Toe ons Johannesburg se hoë geboue in die verte sien opdoem, vra my vriend my, "Waar in Johannesburg wil jy wees?." "Ry maar," sê ek, "ek sal jou beduie as ons nader is." Ja, ek het nog nie daaraan gedink nie – waar gaan ek heen? Toe ons nader kom, sien ek 'n plek wat lyk of dit 'n groot fabriek kan wees. (daar was nog nie snelweë nie – daar was net een pad in Johannesburg in). "Ry soontoe," sê ek vir my vriend, "dis waar ek moet wees."

Ons stop voor 'n blink gebou by 'n plek wat lyk of dit 'n kantoor kan wees. Bokant die deur staan in groot letters " Modderfontein Dinamiet Fabriek. Ek stap in. "Kan ek help?" vra die dametjie. "Ja, ek is hier vir werk." "O," sê sy, stap by daardie deur in dan kan jy net die vorms invul vir jou reiskostes." "Maggies," dink ek, "Dit lyk my rêrig Johannesburg hét baie werk!" Wat ek eers heelwat later uitgevind het, is dat ek net op die regte oomblik daar aangekom het. Die fabriek het 'n klompie kandidate genooi vir onderhoude, en almal het gedink ek is maar een van die kandidate! Ek kry ook sommer 'n stywe klompie kontant uit, want hulle betaal my reiskostes van Swaziland af! Ek doen die onderhoud en ek voel baie goed oor myself, want ek word aangestel as "Laboratorium Assistent." Hulle moet darem seker agterkom het ek is nie so dom nie! Ook weer later uitgevind ek het die pos gekry, want niemand anders wou daar werk nie. Want 'n hele klomp van die vorige "Laboratorium Assistente" is al opgeblaas in daardie laboratorium, want dis waar alle nuwe goed getoets word – en alles is plofstowwe!

In hierdie laboratorium het ek 'n ruk lank gewerk en lekker gelewe van 'n nie te slegte salaris nie. My pa het my gehelp en vir my 'n karretjie gekoop – dit het natuurlik op sy naam gebly, want hy het my te goed geken. En toe ek die karretjie nie baie lank het nie, kom ek agter maar nou begin ek aan die einde van elke maand elke keer uit geld hardloop. Ek gaan maak sommetjies en sien dadelik die probleem: "Ek kry te min salaris"

Nou gaan ek na die hoof van ons Laboratorium toe en sê vir hom hy moet asseblief vir my 'n vergadering reël met die direkteure van die fabriek. Hy vra my toe waarom ek hulle wil sien, enige werknemer kan nie sommer met die direkteure praat nie!. Ek moet vir hom sê wat die probleem is dan sal hy besluit of dit belangrik genoeg is om dit met die direkteure te bespreek. Ek sê vir hom dis uiters belangrik, ek kan dit nie eers met hom bespreek nie. Hy sê hy sal gaan uitvind.

Die volgende dag sê hy my die direkteure het gesê hulle sal my die middag spreek. Ek, dink: "Sien jy nou, moenie met die klein outjies praat wat jou tog nie sal kan help nie"

Daardie middag stap ek in die groot raadsaal in. Ek sit heel onder op die punt – bo sit vyf manne wat die een belangriker lyk as die ander, en ek moet praat – wat is so belangrik dat ek hulle moet sien?

Soos nog elke keer tevore, het ek ook eers weer later uitgepluis hoekom ek daardie dag daar kon sit met die vyf heel grootbase van die fabriek, want dink nou self: Daar kom 'n boodskap van iemand uit die laboratorium – daar waar alle nuwe en innoverende uitvindsels nog altyd ontdek is, wat later vir die firma baie geld sal inbring. As iemand uit die laboratorium nou iets wil bespreek met die direkteure, en dis so dringend dat hy dit nie eers met sy laboratoriumhoof kan bespreek nie, beteken dit net een ding: Hy het iets hoogs geheims ontdek wat hy net vir die direkteure kan vertel!

"Nou wat is so belangrik dat ons almal hier moet wees?" vra die gryse wat aan die kop van die tafel sit. "Sien meneer," sê ek, "Ek het 'n probleem. Ek het mooi gaan sit en somme maak en gesien dat ek te min salaris kry om al my uitgawes te dek." Ek sien die mense om die tafel se gesigsuitdrukkings verander – party lyk verbysterd, ander hoogs bedonnerd. Toe die gryse se gesig weer normaal lyk, sê hy vir my: "Ek kan sien jy is reg, jy het 'n probleem – jy's GE-FIRE!!!!

Nou sit ek maar weer sonder werk. Ek besluit ek gaan nou 'n huursoldaat word, ek hoor hulle kry goeie geld. Nou waarheen moet mens gaan om huursoldaat te word? Iewers in Noord-Afrika moet daar seker oorlog wees. Dus laai ek my paar goedjies in my kar en ry Messina toe – daar waar jy moet deur as jy enige plek noord wil ry.

By die grens kry ek probleme – hoe ek ookal praat, ek mag nie die kar deur die grens vat nie want dis op my pa se naam en nie op my naam nie. Toe ry ek maar terug Messina toe en begin daar werk – vir 'n hele paar jaar."

Hier stop Jan se storie eers, hy belowe ons hy gaan op volgende jaar se jagnaweek die tweede helfte van sy lewensverhaal vertel.

Die Vrydagmiddag kwes ek en Marius sterk skemer elkeen 'n blouwildebees, seker nie drie honderd meter van mekaar af nie – nou jy ken 'n blouwildebees, hy is altyd siek totdat jy hom raakskiet – dan raak hy al gesonder met elke tree wat hy gee. En dis omtrent heel donker as ons besluit ons sal maar die volgende more vroeg moet verder soek – mens kan nie meer spore sien nie.

Ek hoef seker nie uit te wei oor hoe 'n jagter voel op so 'n aand nie. Dit is maar krapperig. Maar vanaand is Leon op sy stukke – hy is lus vir kuier! Jan vertel al weer stories van hoe hulle op die Zambezi 'n splinternuwe, duur boot gesink het – 'n verskriklike groot, onherstelbare gat in die romp. Hoe hulle baie ver moes terugloop kamp toe en die ontberinge wat hulle gehad het. En op die ou end, terug by die huis, weier die versekering om die boot te betaal as hulle nie die stukkende boot kan sien nie! Dus moet hulle weer opgaan Zambezi toe, met 'n ander boot om die stukkende boot te gaan probeer opdiep waar dit gesink het. Maar nog op pad na die plek toe, val hulle amper op hulle rug van verbasing toe hulle eie gesinkte boot by hulle verbykom met 'n klompie van die plaaslike bevolking – en roeispane! Dit kos heelwat onderhandelinge en detante voor hulle op die ou end hulle eie boot kon terugkoop (darem vir 'n baie klein bedrag) en kon huistoe sleep, Maar hulle het dae lank gesukkel om die konkoksie waarmee die plaaslike bevolking die yslike groot gat mee gelap het en wat amper so hard soos yster was, af te kry – want die versekering wou die *gat* sien voor hulle uitbetaal!

Hy vertel ook van die "gypsey" wat hy op 'n slag gaan sien het oor probleme, hoe hy ver van haar karavaan stilgehou het dat niemand hom moet sien nie, en hoe hy sy bene amper stompies gehardloop het uit die karavaan van banggeit omdat sy vir hom alles oor homself vertel het!

Nou is Leon goed op spoed met die kuiery, maar ons gaan slaap, want twee van ons voel maar nie baie lekker nie. Maar Leon sê: "Nee, Jan, jý mag nie gaan slaap nie, ek het nou na al jou stories geluister, nou sit jy daar en jy kuier saam met my totdat hierdie vuur uitgebrand het, dan kan ons gaan slaap!

Leon drink net bier − niks anders nie, maar kasgewys. En hy word nie dronk nie − in elk geval nie sodat mens kan agterkom nie. Maar met bier moet mens kort-kort 'n draai loop, en dis dan wanneer Jan sy kans waarneem om die stompe wat nog brand, met sand dood te gooi − sodat die vuur kan doodgaan dat hy kan gaan slaap! Maar as Leon terugkom by die vuur, merk hy dadelik Jan se konkelwerk op, en as Jan weer sy rug draai om 'n dop te gooi of 'n draai te loop, sit Leon weer daardie "dooie" stompie in die vuur! Hoe lank die twee mekaar so oor en weer bedrieg het, weet ek nie − ons ander het toe al lankal geslaap,

Die volgende more vroeg is ons weer op die spore − net Jan bly in die kamp agter, sê hy wil nie uitgaan nie − seker bietjie laat in die bed gekom. Ons gaan soek eers Marius se wildebees se spore, maar na 'n rukkie raak dit heeltemal weg en ons kan nêrens weer die spoor optel tussen die honderde ander spore nie. Daar is ook nêrens weer bloed nie.

Ons is bietjie gelukkiger met my wildebees se spore − ons kan dit redelik volg en kry darem hier en daar bloed. Dit lyk of die spore op pad is in 'n oostelike rigting waar daar naby die groen tenk op die grens van die plaas, 'n waterpan is. Elias, Neels se handlanger op die plaas, stel voor ons loop oor 'n breë front in die rigting van die pannetjie om te kyk of die blouwildebees nie daar of op pad daarheen gevrek het nie. Ek hou nie van die idee nie, maar toe die ander ook instem, maak ons maar so. Ons kry niks. Nou sê Elias: "Hy is weg, ons sal hom nie kry nie."

"O nee Elias" sê ek, "so maklik gaan jy nie wegkom nie, nou gaan ek en jy terug na die plek waar ons die spoor gelos het, en ons begin daar met spoorsny." Hy protesteer bietjie maar ek steur my nie daaraan nie. Ek sê: "Jy vat nou daardie spoor en jy volg hom tot waar hy ophou – hierdie blouwildebees kan net op een plek wees en dis aan die einde van hierdie ry spore. En tot daar gaan ek en jy dit volg." Nou sny Elias bietjie meer ernstig spoor, hy het gesien sy luiheid gaan niks help nie.

En hy volg die spoor verbasend goed. Eers is dit moeilik waar die wildebees saam met die trop gehardloop het, maar wanneer ons sy wegdraaispoor vanaf die trop kry weet ek ons sal hom kry. Kort daarna kry ons die plek waar hy waarskynlik die nag geslaap het met 'n groterige bloedplas.

Nou is die spoor skielik vars en ek los vir Elias dat hy alleen spoor vat en ek loop agter hom en kyk alkante toe vir die bok. Ek weet nie waar Danwilh-hulle presies is nie, maar ek weet darem hulle is 'n hele entjie veilig agter ons as ek dalk vinnig moet skiet. En dis ook net toe, wanneer ons verby 'n digte ry rosyntjiebosse gaan – ek sien die spoor pyl na die oostekant van die rosyntjiebosse om daar óm die bos te gaan - dat ek die beweging deur die rosyntjiebosse sien – dis die wildebees! Elias skrik hom amper uit sy bloedgroep uit toe my 375 se eerste skoot brul. En sommer nog twee skote so vinnig soos ek kan laai en nog voordat hy val. Ons het mos nie verniet op die leeu ge-oefen op die skietbaan nie!

Al drie my skote is doodskote, Maar gisteraand se skoot met die 7 x 57 is net deur die blad, voor in en agter dieselfde blad weer uit, amper 'n identiese skoot as wat ek by Nic Fourie op die kweskoedoe op *Piet* geskiet het.

Danwilh, Marius en Leon kom van agter af by en ons bekyk die bok. En hier kom Jan jou wragtigwaar van voor af – presies uit die rigting waarnatoe ek geskiet het, deur die bosse aangestap!

"Wie het met 'n R1 geskiet?" vra hy. "Jy is baie dapper," sê Leon. "En baie dom" sê iemand anders, ek is seker dit was nie ek nie – want ek wou iets sterkers sê – as ek hom doodgeskiet het, was dit ek wat sou moes tronk toe gaan. "Waar kom jy vandaan?" vra Danwilh. "O ek het sommer lus gehad om 'n bietjie te stap en toe ek hier naby kom hoor ek die R1 skiet en ek kom kyk." "Hoe weet jy dit was 'n R1?," vra iemand "Want ek het net gehoor Kwa-Kwa-Kwa toe neem ek aan dis 'n R1." "En jy stap sommer hier in die veld waar mense jag, jy kan mos nie dit doen nie, sê nou Abel het jou raakgeskiet?" trap Danwilh hom uit. "O, nee, hy het darem nie" sê Jan ongestoord.

Daardie middag maak Jan al die manlike diere se peertjies bymekaar – daar het darem 'n paar rooibokke ook geval, en hy maak dit vir hom gaar. Niemand wil saam-eet nie – hy eet alles alleen op.

Nou word Jan kriewelrig en toe ons halfdrie veld toe wil ry, kom vra hy vir Danwilh of hy sy Jeep kan leen. Hy het skielik onthou hy moet iemand op Messina gaan sien. Hy sal weer voor donker terug wees. Jan wil dorp toe!

Dis vroeg die volgende oggend, wanneer ons agterkom dat Jan nog glad nie teruggekom het nie, dat ons begin wonder of al die stories wat ons al gehoor het van wat hierdie peertjies aan 'n man doen, nie tog dalk alles waar kan wees nie. En dit tref ons ook dat Jan glad nie gesê het hy gaan 'n *man* in die dorp sien nie – hy kon maklik dalk 'n vrou bedoel het – en hy hét heelnag weggebly!

Jan het toe sy belofte verbreek om die volgende jaar die storie van sy lewe te kom klaar vertel. Maar dit was darem seker nie sy skuld nie, want hy moes dringend na 'n ander jagkamp toe gaan – daar bo in die jagvelde waar elkeen van ons eendag heen moet gaan – of ons nou wil of nie.

Instink, stres & rietbokke

Wanneer enige jagter aanlê na 'n dier wat hy wil jag, is daar 'n paar "goue sekondes" wanneer hy begin besef die dier gaan hom nou enige oomblik 'n kans gee om te skiet. Dit is dan wanneer die jagter se instink oorneem en hom laat besluit op presies watter millisekonde die regte oomblik aangebreek het om die sneller te druk.

Waar kom hierdie instink vandaan? Hierdie instink is die jarelange vorming van 'n jagter deur die somtotaal van al sy vorige jagondervindings – en miskien ook 'n klein deeltjie deur wat hy van meer ervare jagters geleer het en ook in boeke gelees het.

Nou het ek al lankal agtergekom dat hierdie instink hemelsbreed verskil tussen jagters wat op hulle eie jagplase (of dan hulle ouers s'n) grootgeword het, en die ander jagters wat van die begin af moes betaal vir hulle bokke. Ek meen, meeste van die kere wanneer Karl of Nic of Neels se instink vir hulle laat besluit dit is nóú daardie oomblik om te skiet, sou ek of my jagmaat Danwilh nooit daardie skoot gewaag het nie.

Waarom verskil ons instinkte dan so? Vir die eenvoudige rede dat Karl en Nic en Neels *nie hoef te betaal vir kwesbokke nie!* Ek en Danwilh weer, moet *altyd* dink wat die risiko is om te kwes en *altyd* probeer sorg dat die kanse groter is dat ons 'n suiwer skoot sal skiet. Hiermee wil ek glad nie beweer dat hulle die kwesbokke gaan los nie, inteendeel, hulle is al drie baie etiese jagters met 'n groot liefde vir hulle bokke en is buitendien, juis omdat hulle op jagplase grootgeword het, uitstekende spoorsnyers. Die punt is net, as hulle die dag nadat hulle alles in hulle vermoë gedoen het om die kwesbok op te spoor, nog glad nie die bok kry nie – is dit minstens nie 'n groot finansiële verlies nie.

Die nadeel wat hierdie jagplaaseienaars het, is dat hulle dié slag dat hulle op 'n ander plek gaan jag en ook moet betaal vir die wild wat hulle skiet, deur hierdie selfde instink voorgeskryf word wanneer om te skiet – en jy kan maar hoeveel keer vir jouself sê, "Onthou jy betaal ook nou vir 'n kwesbok, moenie skiet as die risko hoog is nie!." Dit sal alles niks help nie, want die oomblik as jy in daardie "goue sekondes" sone inbeweeg, neem jou instink oor, *en daar is absoluut niks wat jy daaraan kan doen nie!*

In 2001 reël Wallie van Dyk vir ons 'n rietbokjag by Mondi in Natal. Karl Osmers en ek gaan saam. Nou kan ek nie meer vandag presies onthou wat ons pakket alles behels het nie, maar ek weet ons kon vier rietbokramme en 'n paar ooie skiet, dan drie bosbokramme en een duiker ram. Karl wou graag 'n mooi rietbokram skiet om op te stop, ek sou ook 'n rietbokram skiet en die ooie wat hulle nie wou skiet nie, en Wallie sou ook 'n rietbokram skiet. Dan was daar nog een ram oor vir die ou wat nog 'n kans op 'n mooi ram kry. En ons kon elkeen 'n bosbokram skiet

Ons ry al drie met Karl se dubbelkajuit Toyota 4x4 – Wallie sit soos gewoonlik links voor. Op Howick draai ons af van die N3 en ry in die dorpie in na Mondi se kantore om aan te meld en ons permitte op te tel. Daarna draai ons suid en ry spoedig die berge in. Die son maak al lang skaduwees wanneer ons hoog bo in die berge by Steve Richardson, die bosboubeampte van Mondi, aanmeld. Wanneer ons 'n rukkie later by ons slaapplek aankom, is dit sterk skemer en goed koud. Ek voel sommer so aan my bas dit gaan bibber-koud wees vir hierdie drie Tzaneeners.

Die blyplek bestaan uit 'n groot kombuis/eetkamer met 'n baie gesellige koolstoof wat, so verseker die Zoeloevrou wat daar in beheer is ons, dag en nag brand. Verder is daar 'n paar huisies waar ons kan tuisgaan. Die huisie waar ek en Karl in slaap se bad lyk of dit 'n familiebad kan wees - dis enorm groot! Dis baie koud, en ons is sommer gou weer terug in daardie warm kombuis waar Wallie bietjie later vir ons 'n heerlike ete voorsit.

Die volgende oggend is bibberend koud, Wallie is baie beslis dat hy eerste sal bestuur en dat ons maar eerste kan skiet, want, sê hy, hy was darem al voorheen daar. Dis natuurlik eers toe ons begin ry dat ons agterkom hoekom Wallie dit gedoen het, want jou ore en hande vries behoorlik agterop die bakkie. Jy weet naderhand nie meer hoe om jou geweer vas te hou in die stamperige bergpaadjies nie, want altwee hande moet in jou broeksakke wees waar hulle in elk geval nog steeds vries en aan jou ore wil jy nie eers dink nie uit vrees dat net die gedagte genoeg sal wees om hulle te laat afbreek. Na 'n rukkie beduie die zoeloegids (die plattelandse Natal zoeloes kan nét zoeloe praat – ons gids kon darem meer woorde engels praat as wat ons kon zoeloe praat – dit sê nie veel nie) dat ons moet stop en vandaar met die voet jag. Dit lyk nie of hy juis koud kry met sy lekker bellaclava en dik handskoene nie.

 Ek, Karl en die gids loop stadig teen die helling uit tot agter 'n bos. Die gids ken natuurlik die spesifieke plek, want hy sê ons moet eers agter die bos wag dat hy net vorentoe kan loer. Hy is gou terug met die nuus dat daar twee rietbokramme so 'n paar honderd meter verder staan. Ek en Karl kruip so 'n entjie vorentoe tot 'n volgende bossie, en loer versigtig na waar die twee ramme staan. Karl kyk deur sy sterk verkyker en sê dat die voorste ram 'n mooi ram is, maar dat die een wat reg agter hom staan, 'n jong rammetjie is. Ons besluit dat ek op my maag sal seil tot op 'n klippaat so tien tree vorentoe, en daar sal wag tot die tweede ram wegbeweeg.

Ek kry my lê op die klipplaat met 'n lekker stewige dooierus, en begin wag. Die son is nog nie behoorlik op nie en my hele lyf voel gevries. Ek bewe letterlik van die koue. Die twee ramme staan nog steeds agtermekaar wanneer die son 'n rukkie later lekker op my begin skyn. Wanneer die jong rammetjie omtrent 'n driekwart uur later 'n entjie wegloop en gaan lê, het twee dinge al gebeur: die eerste is dat die sonnetjie my al lekker warm gebak het en ek nie meer bewe nie, en die tweede dat ek met die lang gekykery deur die teleskoop na die ram wat reguit vir my staan en kyk, seker geraak het dat daardie ram baie naby aan tweehonderd meter ver moet wees. Die grootte van die ram deur die teleskoop lyk naamlik vir my omtrent net so groot soos die rooibokteiken op die skietbaan se twee honderd meter skietpunt gewoonlik lyk. Ek het baie lekker dooierus en die geweer lê absoluut doodstil wanneer ek die skoot afdruk met die kruishaar in die kuiltjie. Dis 'n doodskoot en die bok val net daar. Ek tree 206 tree af tot by die ram.

Dis 'n pragtige ram en nadat ons gelaai het, ry Wallie na 'n hoërige punt waar ons baie mooi foto's neem met net die blou lug as agtergrond. Natuurlik mooi foto's van die bok – nie soseer die jagter nie!

Nou is dit Karl se beurt, en dis waar hierdie mooi storie eintlik begin. Karl sal seker begin dink ek pik op hom met al die stories wat ek al oor hom geskryf het, maar dis nie so nie. Die ding is, enigeen wat vir Karl goed ken, sal jou kan vertel jy sal 'n hele boek net oor hom kan skryf!

Met my bok agter op die bak, ry ons verder. Daar is geen rede om bang te wees die vleis gaan sleg word nie – eerder dat dit miskien kan vries! 'n Hele ent verder gaan ons by 'n ou opstal verby en na 'n kort draai hou ons op 'n uitsigpunt stil. Ver onder ons kan ons 'n groterige plaasdam sien, en so 'n honderd tree onderkant ons begin 'n breë vlei vol riete en biesies wat tot by die dam loop. Na 'n rukkie se kyk deur die verkykers, sien Wallie 'n mooi rietbokram tussen die biesies.

Karl begin koes-koes afloop na die vlei toe met die gids agterna. Deur die verkykers sien ons hoe hulle 'n entjie in die vlei ingaan en dan vassteek. Karl moet net nie nou skiet nie, dink ek, daardie rietbok is heeltemal te diep in die biesies – maar te laat, dis wat ek gesê het van instink. Daardie skoot moes Karl nooit geskiet het nie! Die rietbok struikel en daar gaan hy. Ons sien net so 'n glimps van hom hier en daar maar hy raak naderhand heel weg in die biesies. Selfs Karl hulle sien ons na 'n rukkie nie meer nie. Ons hoor weer 'n skoot. Van waar ons is, gaan daar aan die linkerkant van die vlei 'n paadjie om, vertel Wallie. Dis die rigting waarin die rietbok en Karl beweeg het en na 'n lang ruk ry ons na hierdie paadjie toe.

Ons kry vir Karl en die gids in die paadjie. Hulle het die spoor verloor in die riete – dis eintlik onmoontlik om daar spoor te vat, selfs vir 'n uitstekende spoorsnyer soos Karl. Die paadjie is so hard en glad getrap deur die houttrokke dat hulle ook geen teken kon kry waar die bok oor die pad is nie – daar is ook geen teken van bloed nie. "Hoe was jou tweede skoot, Karl?" vra Wallie. "Nee, wat, ek het net 'n stukkie vel vir 'n sekonde tussen die biesies deur gesien beweeg en baie haastig 'n skoot afgetrek, maar dit was seker heeltemal mis."

Karl klink baie mismoedig, die probleem is jy het nie eers 'n idee waar om te begin soek as jy geen spoor kan sien nie.

Ons besluit om maar verder te gaan. Karl is nie gewoond om mis te skiet nie en hy lyk gestres. 'n Hele ent verder laai ons vir Wallie af by 'n plantasie met jong bome – ons sal om die plantasie ry en hom aan die anderkant oplaai. Ek en Karl wag 'n hele ruk in die bakkie.

"Karl," sê ek, "hoekom het jy geskiet – jy kon onmoontlik daardie ram goed sien deur daardie biesies?." "Ja, ek kon hom nie juis mooi sien nie," sê hy, "maar ek het gesien dat as ek nie nou skiet nie, gaan hy hardloop!" Daar het jy dit, die jagplaaseienaar se instink het oorgeneem en hy het geskiet. En hy moes nie. Nou is dit vir hom glad nie lekker nie.

Na ons nog 'n ruk gewag het, klap 'n skoot en na nog 'n rukkie verskyn eers Wallie se glimlag en daarna Wallie self en ons weet dit moet net 'n groot ram wees daardie. Dit is ook so. "Dis diep in Rowland Ward!" sê Wallie.

Hy het al weer klaar gemeet!

Ons gaan laai sy bok, dis 'n pragtige ram. Wallie laat ons honderde (so voel dit!) foto's neem en ons leer baie van trofee fotografie – dinge wat ek vandag nog doen. Hy laat ons op ons maag lê om op dieselfde vlak as die bok te kom. Grassies voor die bok moet afgebreek word. Daar mag nie skaduwees van die hoed op die gesig val nie en die horings moet kan silhoëtteer teen 'n ligter agtergrond, van voor af en die syprofiel. Ons maak rêrig baie mooi foto's.

'n Ruk later ry ons verder. Die gids neem ons na al sy "hot spots." Wanneer ons later op 'n klein paadjie afdraai, sê die gids ons moet stop, 'n Entjie vorentoe is daar 'n klein vleitjie met kort grassies. Wanneer ons om die bossies loer, staan daar 'n hele troppie rietbokke in die vleitjie. Karl skiet en daar trek die bok! "Ag nee!" sê Karl. Hy is behoorlik gestres. "Toemaar, hy het geval," sê Wallie. "Hoe weet jy, hy het gehardloop, hy is weg!" sê Karl. "Ek het hom gesien," sê Wallie. Hy staan 'n bietjie hoër as ons en kan aan die anderkant van die bos verby sien. As ons by die bok kom, sien ons dis glad nie 'n slegte skoot nie – effens agter, maar nietemin 'n doodskoot. Die bok het maar die normale afstand gehardloop soos enige bok met 'n longskoot maar hardloop. Dit lyk my Karl se kwesskoot het sy selfvertroue raakgeskiet!

Die volgende oggend vroeg toe die son opkom, is ons al op Mondi se ander plaas, waar ons bosbokke mag skiet. Ons mag net ramme skiet, en ons ry so dat ons aan die kant waar die groot ramme vroemôre hulself lekker in die opkomende son kan bak, kan deurkyk. Terwyl ons nog op pad is, is daar skielik 'n bosbokram ver voor in die pad. Regs is die plantasie baie steil opdraand, en links is dit amper loodreg af – baie skuins en baie ver ondertoe. Op hierdie afstand lyk die bosbok soos 'n regaf potloodstrepie op 'n wit papier, want hy kyk reguit vir ons.

Karl besluit om te skiet. Ek sê "Karl, dis hopeloos te vêr en te 'n moeilike teiken, jy kan nie skiet nie!." "Kaboem!" praat die 308. Wallie, wat deur die verkyker kyk, sê "Dit lyk of jy net links verby geskiet het!" Ek sê mos: 'n potloodstrepie. Karl is gestres, maar terselfdertyd opgeklits. Die bosbok het sowaar nie gehardloop nie. Karl skiet weer – hierdie keer is dit raak, maar o donner! Die bosbok is teen die afgrond-steilte af!

Ons ry nader – dit was rêrig 'n baie ver skoot. Die gids en sy handlanger gaan teen die steilte af om te kyk, hulle moet aan die bossies en grasse vashou om nie tot onder te gly nie – en dis bitterlik diep en ver ondertoe.

"Pasop om nie te naby te gaan as hy nog leef nie!" waarsku ons, hulle weet dalk nie hoe gevaarlik is 'n gekweste bosbok nie. Dan hoor ons hulle skreeu "Come Boss, come quick!" en daar trek Karl en sy 308 ook oor die kant. "Hoekom wil die goed nie vrek as ek hulle skiet nie!" hoor ek hom nog vir oulaas brom voor hy verdwyn. Ek en Wallie kan nie daar sien nie, dis te steil af, so ons wag maar. Dan hoor ons 'n skoot en 'n hele ruk later kom Karl steun-steun bo uit.

"Is hy dood?" "Ja, uiteindelik darem. Maar dit gaan 'n gesukkel wees om hom hier bo te kry!"

Toe ons 'n ruk later weer 'n benoude geskreeu van die zoeloes hoor, kon ek sien die stres het vir Karl behoorlik beet toe hy sê: "Ag nee, is die donnerse ding dan nóú nog nie dood nie!"

Maar die ding was toe darem properlies dood, die benoude geskreeu was net omdat die gids en sy handlanger om die dood nie die bosbok tot bo kon kry nie, Hulle wou-wou net met bosbok en al die dieptes in gly. Met Karl se hulp kon hulle hom darem uiteindelik bo kry.

Later dieselfde oggend het ek en Wallie ook elkeen 'n bosbokram geskiet, myne 'n ou ram met net een horing. Maar hierdie storie gaan nie oor my en Wallie nie, maar oor Karl en sy stres.

Want die volgende ding wat gebeur, is toe ons vroegmiddag weer op die plaas waar ons bly, langs die pad 'n duikerrammetjie kry. Ek en Wallie wil nie skiet nie, so Karl sê hy sal skiet. Hy loop 'n ent nader en daar klap die skoot! Maar as die gids afgaan, lyk dit my daar is weer probleme, en Karl is agterna. Ek kyk hier van bo af – sien skielik 'n bruin ding na Karl se kant toe hardloop. Hy spring 'n tree terug en skiet 'n baie vinnige skoot! Dan lê die duiker voor sy voete dood en 'n rukkie later is hulle met die duiker terug by ons. "Die blerrie ding het my gestorm!," sê Karl. Wil jy nou meer!

Laatmiddag ry ons weer naby die dam waar Karl se dilemma die vorige oggend begin het. Ons wil kyk of die gekweste rietbok nie dalk by die water gevrek het nie, soos dikwels gebeur met gekweste bokke. Ek bestuur 'n slag en Karl en Wallie sit agterop. Dan klop Wallie op die dak. Hy kyk 'n rukkie deur die verkyker en sê dan vir Karl: "Karl, daar loop 'n MOERSE rietbok!," klim uit en gaan skiet hom, jy sal nooit weer so 'n rietbok kry nie. Van waar ons naby die dam staan, is dit geleidelik opdraende na die kant waar die rietbok loop. Wanneer Karl se skoot loop, verdwyn die rietbok agter die helling. Karl is onmiddelik weer gestres: "Hoekom wil die goed nie vrek nie?!."

Maar wanneer ons soontoe ry en oor die glooiing kan sien – daar lê die bok! Karl is aangedaan van verligting. Hy staan eers opsy om water af te slaan, en hy is net halfpad besig toe spring die bok op en daar trek hy! Karl weet nie of hy moet knyp of los nie, hy sukkel verbouereerd om alles te bêre wat gebêre moet word voor hy sy gulp kan opkry terwyl hy rondkyk waar hy sy geweer neergesit het. Daar is 'n diep frons op sy gesig en net wanneer hy uiteindelik sy gulp toe het en omdraai vir sy geweer, val die bok vir oulaas – dit was sy laaste hardloop. Karl gaan sit sommer, maar Wallie is dadelik by met die maatband. Ek sien daardie maatband gaan sommer ver verby die 14 duim wat minimum is vir Rowland Ward en ek hoor Wallie 'n onbekende franse woord sê. Toe weet ek: hierdie is 'n MA se trofee! Nou is Karl ook by, hy sien Wallie meet. "Hoe lyk dit, Wallie, wat meet hy?" (Daar is darem weer lewe in sy gesig). "Nee," sê Wallie "ek het sommer vinnig gemeet, dit lyk darem of hy dalk Rowland Ward sal maak. Jy moet hom maar self ordentlik meet."

Karl vat die maatband en begin meet. Hy druk dit met die een vinger vas teen die horing, vervat dan en meet weer verder. Wanneer hy by 14 duim kom is daar nog 'n hele stuk horing oor en ek sien hoe rek sy oë soos hy verder gaan. Amper 16 duim! Nou het Karl se stres van die hele naweek skielik in 'n oomblik verdamp!

Wanneer ons dik skemer terug ry kamp toe, is daar rêrig 'n baie lekker atmosfeer in die bakkie – ek hoor dit sommer deur die venster waar ek agterop sit. Dan staan daar skielik 'n rietbokooitjie langs die pad. Karl stop. Daar is nog een ooitjie oor op ons pakket en Wallie vra of ek wil skiet. Sy is baie naby, maar dis al baie sterk skemer. As ek nou 'n hart of longskoot skiet, gaan net die vyftig of wat tree wat sy gaan hardloop, genoeg wees dat ons haar nie in die donker sal kry nie, Ek het baie lekker dooierus en ek kan haar in die kop skiet. Maar ek het 'n taamlike aversie teen kopskote nadat ek gesien het hoe swaar 'n rooibok wat iemand anders geskiet het, gevrek het met 'n af-kakebeen. Daarom skiet ek vir die nek – in die middel net waar die nek en die lyf bymekaarkom. Na die skoot bly sy net daar lê – roer nie eers nie - morsdood. Terwyl ek afklim om haar te gaan laai, hoor ek Karl binne in die bakkie vir Wallie vra: "Nou hoe de donner val julle bokke elke keer net daar en al myne hardloop in hulle moer in weg?!"

Kalahari jag

"Ek groet jou ou Kalahari, dankie dat jy goed was vir ons," so dink ek hardop toe die son die Sondagmôre met sy eerste strale die naaste duine in goud verander net toe ek die gehuurde Toyota 4x4 se neus by die plaashek uitstoot op pad terug huis toe. En hy was werklik goed vir ons, want tussen myself, Wallie van Dyk en Daan Roux (wat sy gesin saamgevat het), het ons drie gemsbokke (twee Rowland Wards en een 'n halfduim onder die minimum) en agt springbokke in twee jag dae afgehaal. Maar wag, dat ek voor begin ...

Dit is al lankal dat ons droom daarvan om in die Kalahari te gaan gemsbok jag. Laas jaar, op pad terug na 'n suksesvolle rietbok jag in Natal, besluit ek en Daan om hierdie begeerte vanjaar 'n realiteit te maak. Vroeg in die jaar lees Wallie 'n advertensie raak van iemand wat gemsbok jag adverteer – maar omdat die advertensie praat van gemsbokke almal oor 42," begin ons hond se gedagte kry – my oorlê Pa het altyd gesê as iets te goed *klink* om waar te wees, dan *is* dit te goed om waar te wees! Na baie wik en weeg en nadat Wallie met die eienaar oor die telefoon gepraat het, besluit ons om nie 'n kans by hierdie plek te vat nie. Daan skakel 'n ou vriend van hom wat vroeër in die Kalahari Gemsbokpark gewerk het, en na baie telefoonoproepe maak ons 'n jag vas met Oom Elias le Riche, wat voorheen jare lank parkhoof van die Gemsbokpark was, op sy plaas noord van Askham teen die Botswana grens. Ons wil elkeen 'n gemsbok en 'n paar springbokke skiet.

Die probleem met Kalahari jag, so hoor ons van vriende wat in die verlede daar gejag het, is dat jy 'n 4x4 moet hê, want die metode wat die Kalahari-manne gebruik, is om die duine in die dwarsste oor te ry en dan die wild, wat in die strate tussen die duine wei, so van die bakkie af te skiet. Dit plaas ons in 'n dilemma, want ons is almal manne wat graag met die voet jag, ons wil met die voete plat op die aarde 'n ding doodskiet. Aan die ander kant is die tyd natuurlik ook min om so baie bokke in so 'n kort tydjie dood te kry, en daar is die spreekwoord wat sê "As jy in Rome is, maak jy soos die Romeine maak ...." Ons besluit om 'n kompromis te tref – ons sal "jag" (of *skiet*) soos hulle jag, maar elkeen van ons gaan ook met die voet op ons manier jag terwyl die ander manne met die bakkie ry.

Maar eers moet ons 'n 4x4 kry! Oom Elias kan ons nie help nie, en my 1976 petrol Land cruiser, so vertel ons sommetjies, gaan ons baie duur uitwerk teen 4.5 km/liter – net soontoe en terug is klaar 3000 km! Wallie kry dus iemand se nommer in die hande en ons bespreek 'n Toyota Hilux 4x4 bakkie op Upington teen R550 huur per dag – ons moet self petrol ingooi en regmaak wat ons breek. Die bakkie is klaarblyklik nuut oorgedoen en sal in 'n goeie algemene toestand wees. Maar ons sou nog later spyt kry dat ons nie maar die Land cruiser gevat het nie ...

Die eerste Mei val op 'n Donderdag en is 'n openbare vakansiedag. Ek en Wallie val dus die Woensdagoggend al in die pad in sy Isuzu dubbelkajuit om rustig aan te kuier tot op Kuruman, waar ons gaan oornag. Wallie se klein dogtertjie Elzet, wat nog nie in die skool is nie, gaan saam. Daan, wat gereël het om sy kinders, Gerrit en Mart-Marié, uit die skool te hou die Vrydag, sal eers halfdrie die middag vir Mart-Marié by Stanford College oplaai en dan kry ons mekaar op Kuruman. Nadat Wallie vir ons by die oornagplek op Kuruman van die keur van Super Meat City se vleis gebraai het, besluit ek net weereens by myself – dit is altyd 'n "bargain" om saam met Wallie te jag – elke ete is 'n belewenis en jy hoef nooit self kos te maak nie! Na ete het ons bietjie nes geskrop en was nog nie in die bed toe Daan en gesin so teen elfuur die aand arriveer nie – hoe vinnig hy gery het weet ek nie, maar hy het die afstand in 4 ure minder as ons afgelê!

Die volgende oggend, nadat ons ons eers verlustig het in die mooi natuur en baie wild op die oornagplek (onder andere 'n spierwit takbokram), val ons in die pad tot op Upington, waar ons heel eerste die 4x4 gaan optel. Met die eerste oogopslag lyk die bakkie nie te sleg nie, hoewel bietjie gehawend en die bak se tralies is besmeer met 'n taai bedryf so tussen olie en ghries. Die eienaar het ons vertel dat die 2.2 liter petrol bakkie so 8 km/l op die oop pad gee en so 5 km/l in die duine. Na 'n lekker ontbyt vat ons die pad noord na Askham toe. Ek ry met die 4x4, en Wallie en Daan met hulle eie bakkies.

Sommer uit die staanspoor voel ek klaar hier is 'n ding wat nie lekker is nie. Eers wil die bakkie glad nie maklik vat nie en moet gekarring word voordat hy naderhand teensinnig begin brom. Dalk is sy tyd nie reg gestel nie. Toe ons die oop pad vat voel ek dat ek glad nie op spoed kan kom nie, vol ketel kry ek op 'n afdraande so 80, naderhand amper 90 km/h. En die petrolnaald lyk of hy 'n see-sinker aan hom vas het wat afrem ondertoe. Ek begin naderhand bekommerd voel ek gaan Askham glad nie haal nie, maar maak dit op die ou end darem met 'n naald wat onder kwart staan. Ek maak vol en werk uit: 3.8 km/l – dit op die oop pad! Hier kom 'n ding!

Ons draai noord van Askham eers op die Gemsbokpark se pad en net daarna op die Botswana grenspos se pad, en draai kort daarna by oom Elias se plaashek in. Oom Elias blyk 'n wonderlike mens te wees maar is nie baie spraaksaam nie. Hy beduie waar die kamp is en gee ons 'n gids om saam te ry. Sewe kilometer verder deur die pragtige duineveld, kom ons kort duskant die kamp 'n baster "Rubicon" teë in die vorm van 'n los duin waar ons moet oor. Daan bestorm die duin met sy KZTE met "difflock" en kom net-net oor. Die 4x4, wat veronderstel is om oor die duin te vlieg, skrik skoon al sy krag weg nog voor ons eers halfpad duin toe is. Dit wil net glad nie toere (of "revs," in boere-Afrikaans) optel nie! Dit gee 'n gestorm af wat mens aan deesdae se springbokke (dis nou rugby springbokke) laat dink: so halfhartig asof jy storm met die hoop jy kom nie oor nie! Nadat ek die 4x4 se wiele afgeblaas het kom ek na nog 'n paar probeerslae knorrend oor die duin. Wallie, met 'n waentjie agter sy Isuzu, probeer 'n slag maar kom ook nie weg nie. Hulle haak eers die waentjie af en probeer weer. Dit lyk nogal of dit help toe Wallie sy humeur verloor, want kort daarna maak hy dit net-net. Nou moet ek terug om die waentjie te haak, maar nee, die 4x4 se gô is half uit met so 'n sleepding wat vashou agterna. Ek is naderhand verplig en ry 'n ent verder af, waar die duin bietjie laer is, oor kamp toe.

Die kamp is in 'n pragtige oopte met mooi kameeldoringbome tussen die rooi duine – dit is 'n lang, oop gebou met grasdak en aan die een kant twee badkamers langs mekaar, elk met toilet, wasbak en stort (met gasgeiser), en aan die anderkant 'n lekker gerieflike kombuis. Die lang kante, wat oop is vir die warm Kalahari dae, kan in die aande toegemaak word met seile wat afrol om weer die yskoue Kalahari nagte hok te slaan. In die oop gedeelte is 'n klomp beddens gerangskik en ons kies elkeen vir ons 'n bed. Ek kies maar eenkant 'n bed, vir in geval ek dalk snork, en buitendien, hoe weet mens in elk geval watter ander geluide jy dalk per ongeluk kan maak as jy slaap – en daar is dames ook wat nie te ver 'n bed okkupeer nie ....

Na ons nes geskrop het, sit ons 'n teiken teen 'n kartondoos vas en ons gids maak dit vir ons op 200 m teen 'n duin staan. Die gewere en skuts lyk darem of hulle almal ingestel is, en so halfvyf die middag spring ons almal, behalwe Elmarie (Daan se vrou) op die 4x4 om te kyk of ons nie dalk voor sononder iets reg kan kry nie. Die 4x4 sukkel om in die paadjie oor die duine te kom en ek wonder hoe hy in die veld ooit oor 'n duin gaan kom. Ek mis my ou blou Land cruiser al klaar, en ons het nog nie eers deur die veld begin ry nie!

Ons mag nie in die kamp rondom die kampplek jag nie, maar as ons eers deur die eerste kamphek is, begin almal met aandag die omgewing dop te hou. Dit is ook nie baie lank nie, of ons gewaar die eerste springbokke. Daan sien deur die verkyker dat daar 'n ram by is, en hy, Gerrit en die gids klim af en begin bekruip. Wallie besluit om solank vooruit te loop met die pad langs en die res van ons sit en wag in die bakkie. Dis natuurlik 'n voltydse werk om 'n kleuter besig te hou, maar Elzet is gelukkig glad nie moeilik nie en ek en Mart-Marié is so besig om met haar te gesels dat ons glad nie eers die skote hoor nie – ons kom eers agter iets het gebeur toe ons die gids hoor fluit en hy ons beduie hoe om te ry na sy kant toe. Dit is 'n hele ent wat ons moet ry, en naderhand kan ons ook vir Daan en Gerrit sien staan. Dis 'n mooi springbok en ons eerste bloed is getrek! Ons wens vir Daan geluk wat geskiet het (Gerrit was te kort om deur die gras te sien en Daan het besluit om self te skiet). Ons neem 'n paar foto's, wat mos maar altyd moet dien as mooi herinnerings in die láááng somermaande wat ons nie jag nie, en ry verder om vir Wallie te gaan soek.

Wallie het ver geloop – eers dink ons op 'n stadium hy het afgedraai, maar die spore blyk die van "kampers" (wat drade span op kontrak basis) te wees, en ons ry maar verder met die pad. Ons kry Wallie, wat ook 'n springbok geskiet het, 'n entjie verder, en na die gelukwense en foto's draai ons terug kamp toe, want dis reeds amper skemer. Op pad terug kamp toe kry ons weer springbokke, en Wallie skiet 'n moeilike skoot in die half skemer baie netjies om ons derde springbok dood te kry. Ons is tevrede! Drie springbokke met die eerste draai wat ons ry, laat ons sommer baie hoop kry vir die twee volle jag dae wat voorlê.

By die kamp aangekom, laai ons net vir Wallie af wat kos moet maak (met Elmarie as assistent!), en ry daarna in die sterk donker die sewe kilometer opstal toe waar die slagplek en koelkamer is. Terwyl die gids en sy helpers afslag, gesels ons met oom Elias en kom agter dat sy vrou ook van Tzaneen, of eintlik Gravelotte af kom. So klein is die wêreld! Van lekker kuier om die kampvuur is daar nie sprake nie, want ons kom eers tienuur weer by die kamp aan. Wallie en Elmarie het heerlike "spare ribs" gemaak, maar ons het amper nie eers tyd om 'n rustige drankie voor ete te drink nie! Na 'n lekker warm stort is ons bed toe en kon heerlik slaap – ons eerste nag in die Kalahari. Die ysige Kalahari-koue het gelukkig nog nie arriveer nie. Daarom aanvaar ek dit maar sonder 'n woord toe Daan en Elmarie my aanbod om aan Elmarie se anderkant in hulle dubbelbed te slaap (om haar te help warm hou, natuurlik, Daan is ook nie meer so jonk nie) om een of ander onverklaarbare rede van die hand wys.

Die volgende oggend jaag Wallie ons vroeg-vroeg uit die vere. Ek en Daan, wat nag-mense is, probeer nog bietjie draai om die tyd onder die warm komberse bietjie uit te rek, maar Wallie het geen genade nie. Die opgewondenheid oor die dag wat voorlê jaag ons darem tog gou uit die vere, en na lekker warm koffie en beskuit spring ons almal in die 4x4. Elmarie gaan ook saam en sy en Elzet sit voor by my in die 4x4. Mens kan dadelik agterkom dat dit darem nie te koud is nie, anders sou Wallie, soos hy gewoonlik op sulke koue plekke doen, eers beskeie teruggestaan het met die woorde " toemaar, skiet julle maar eerste, ek sal later skiet!" Dis in sulke gevalle maar eers as jy agterop die bakkie staan en jou ore en vingers begin "frostbite" kry dat jy agterkom hoekom Wallie sulke goeie maniere het om jou eerste te laat skiet!

Vandag ry ons na die kampe toe waar die gemsbokke loop – ons het lank genoeg gewag! Dit blyk egter gou dat die gemsbokke nog maklik langer kan wag, want ons kry hulle nie. Die duinryery met die 4x4 is ook toe nie so erg as wat ons aanvanklik vermoed het dit sal wees nie – dis sommer baie erger! Dis 'n gestoei van die eerste water wat my laat terugdink aan die dae toe ek as redelike klein outjie moes voorry druk teen ouens wat omtrent vir Jimmy Abbot sou laat klein lyk – jy is ook maar net daar, maar jy kry nie eintlik iets reg nie. En dis die probleem met die 4x4: dit kry nie eintlik iets reg nie. Duinryery, weet ek, is net een manier: "revs" optel en storm! Maar die 4x4 wil nie "revs" optel nie. Dus moet jy maar in donkie rat "low range" en 'n gekerm wat ten hemele skreeu uitkruip (of kan 'n mens *stadig* storm?) en dan kom jy darem net-net bo-op die duin (party slae eers met die derde probeerslag), waar jy eers stilhou. En dis nog die lae duine wat darem effens begroei is! Bo-op die duin word die straat onder eers deeglik beskou met die verkykers. Waar ons aanvanklik eers nie wou skiet nie omdat ons bang was ons jaag dalk die gemsbokke weg, besluit ons gou om maar te skiet as ons springbokramme kry. So kry ons elkeen ons springbok geskiet – almal so tussen 200 en 230 meter ver. Ons het gelukkig taamlik op 200 meter ge-oefen op die skietbaan voor die tyd en al die skote is doodskote. Selfs Gerrit, wat in standerd vier is, skiet 'n pragtige skoot op meer as 200 meter. Ons is sommer trots op hom wat op 'n jong ouderdom al sulke mooi skote skiet. Mart-Marié wil nie springbok skiet nie – haar Pa het haar belowe sy kan 'n gemsbok skiet en sy is bang sy verbeur hierdie kans as sy 'n springbok skiet!

Die af-ryery teen die duin is party slae nogal spannend, en Elmarie, wat nie mal is oor sulke af-ryery nie, raak naderhand senuagtig vir die petalje. Die senuagtigheid smeer af aan Elzet en gou-gou raak sy sommer taamlik bang vir die hoogtes. Maar sy weet darem Wie kan help – toe ons weer 'n slag teen 'n besonder steil duin afry, kom ek agter dat sy darem nou taamlik mak is vir die duin: sê sy toe vir my: "Toe maar Oom, ek het vir Liewe Jesus gebid en ons sal niks oorkom nie!" En ek moet sê, haar biddery het 'n paar kere goed vir ons gewerk, al het sy en Elmarie 'n slag of wat uitgeklim en afgeloop! Die probleem is natuurlik dat jy reguit moet duin-af – as jy skuins gaan, kan die bakkie maklik omslaan. Jy kan ook nie altyd voor jou sien nie, dit is soms so steil af dat die wêreld wegraak onder die neus van die bakkie. En daar is party plekke sulke gate in die duin wat jou 'n slag of wat laat asem ophou. (Elmarie het die nag aanhoudend gedroom van die ryery duin-af – ek was die volgende oggend toe sy vertel half bang sy het dalk in die nag Daan se handbriek vasgetrek)

Die gemsbokke bly wegkruip vir ons, en ons begin naderhand amper dink daar is nie sulke goed op die plaas nie. Toe Daan vir die gids vra of daar verlede jaar baie gejag is, sê hy "nee, glad nie gejag nie, maar hulle het veertig gemsbokke gevang – aangekeer met 4 wiel motorfietse en met 'n bakkie en net gevang. Al die gemsbokke met die lang horings – hulle het net die groot trofeë uitgesoek," vertel hy. Daan raak sommer onmiddellik depressief, vir Wallie wil ons glad nie eers vertel nie – sy oë raak nog steeds glasig as ons praat oor daardie 42" gemsbokke wat ons gelos het by die ander jagplek – hy sal miskien nie hierdie nuus oorleef nie. Sien, Daan en Wallie is trofee-jagters, ek is maar net biltong jagter, of liewer, vleis jagter, want ek kan net bekostig om óf slaghuisvleis te koop óf te jag – nie al twee nie. As ek jag, eet ek net wildsvleis tot dit op is.

Uiteindelik, later die middag, ry ons vir die hoeveelste keer tot bo-op 'n duin, en dan – een van die mooiste gesigte wat ek nog gesien het - 'n trop gemsbokke onder in die straat! Eers kan ons net kyk – dis 'n wonderlike gesig. Dan, wanneer Wallie en Daan die trofee diere identifiseer het, draf die gemsbokke lui-lui oor die duin en uit die gesig. Of ook nie heeltemal nie, want ons kan darem sien waarheen hulle op pad is. Ek en die gids begin bekruip en ek kom iets agter wat ons later nog meer kere sal ervaar – hierdie gidse is plaaswerkers, hulle ken die plaas en hulle kan baie goed sien, maar van jag weet hulle nie veel nie. Wanneer ek op my maag seil en naderhand tot agter 'n bos op die duin kruip, begin die gemsbokke skielik hardloop. En kan nie glo dat hulle my gesien het nie, maar as ek omkyk, verstaan ek sommer hoekom hulle gehardloop het: agter my sit die gids soos 'n stokstertmeerkat kiertsregop en kyk wanneer ek nou eendag gaan skiet!

Nadat ons 'n ruk lank gesoek het na die gemsbok trop, besluit ons om 'n ander taktiek te probeer – ek klim dus af naby die draad waar die gemsbokke volgens die spore gewoonlik deurkruip, en Daan en Wallie ry verder met die bakkie. Wallie vat 'n slag die 4x4 se stokke. Ek geniet die Kalahari stilte en natuurskoon terdeë waar ek agter 'n bossie sit en eers 'n slaggie pyp opsteek. Na 'n geruime tyd hoor ek 'n skoot klap en ek weet, as die gemsbokke dalk in hierdie rigting gaan hardloop, moet ek nou begin regsit. Na 'n rukkie van angstige aandag, kom nie die trop nie, maar 'n enkele koei oor die duin gedraf en kom staan so 'n drie honderd meter weg en kyk straat op in die rigting van waar sy waarskynlik die bakkie hoor. Dit lyk na 'n groot koei op hierdie afstand, maar skielik is daar 'n tikkie onsekerheid – hoeveel jagters het nie al na so 'n alleen gemsbok geskiet en nadat die bok lê, agtergekom dat dit 'n gemsbokkalf is nie! (Gemsbokkalwers is mos in elke opsig skaalgetrou aan hulle groot broers en susters, sodat as jy nie kan vergelyk met ander nie, jy maklik 'n fout kan maak). Die koei draf nog nader en is taamlik onrustig – sy kyk straat op en lyk of sy daarheen wil beweeg – nie draad se kant toe nie. Ek skat die afstand op omtrent 200 meter. Sy staan skuins weg van my af. Ek korrel effens agter die blad, amper by die laaste rib en effens laag, om my hoek na die hart reg te kry, en maak seker van my skoot. Toe die skoot klap, swaai sy om en hardloop draad se kant toe. Sy haal nie die gat in die draad nie. By die draad slaan sy neer en ek kyk eers weg om nie so 'n mooi bok se doodstryd te aanskou nie. Ek besluit dus om eers af te tree hoe ver ek geskiet het voordat ek na die bok gaan kyk. Dis omtrent 230 meter en die 7x57, wat ek met 170 grein Pro-Amm punte en S335 kruit teen 'n spoed van 2450 vt./s laai, het sy werk goed gedoen. Wanneer ek terugstap na die gemsbok, kom die 4x4 ook oor die duin gesukkel en ons kom gelyk by die bok aan.

Dis 'n pragtige gemsbok met 'n allemintige stel horings. Maar dan kom die antiklimaks – Daan het 'n gemsbok gekwes (te hoog geskiet) en, omdat hierdie gemsbok alleen hierheen gehardloop het, vermoed hulle dat dit dalk sy gemsbok kan wees. Omdat daar geen skoot hoog op die blad is nie, vra Daan of hy 'n stuk vel kan slag op die trofee slaglyn (langs die maanhaar) om te kyk of daar 'n skoot in is. Ek voel maar effens bek-af, maar as dit Daan se bok is, is dit darem tog 'n geluk dat ons haar gekry het. Maar terwyl Daan nog soek, het Wallie al gesien wat hy wou gesien het en wens my geluk. Ek voel jammer vir Daan as hy my later ook gelukwens, 'n kwes-bok is nooit lekker nie. Maar dan, 'n jagter wat nog nie gekwes het nie, het seker nog nie baie gejag nie. Wanneer Daan later die horings meet, meet dit amper 44!" Ek is taamlik in my noppies, maar die twee trofee-jagters wil omtrent nie met my daaroor praat nie – vir amper 'n week lank! Wallie karring so oor die onregverdigheid dat 'n biltongjagter so 'n trofee moet skiet, dat ek naderhand vir hom vra: "Nou Wallie, wat wou jy hê moes ek doen – haar los omdat sy sulke groot horings het?"

Nadat ons die pens uitgehaal het en die bok opgelaai het, laat ons vir Wallie agter en ry om Daan se gemsbok te gaan soek. Ons spandeer die hele middag op die gemsbok se spoor. Die gemsbokke, lyk dit, is op pad na die volgende kamp waar daar ook 'n deurkruipplek is. Uiteindelik spoor ons hulle weer op, en Daan kry weer 'n baie vinnige skoot op die gekweste gemsbok in die hardloop. Maar die hele trop is weer vort. Ag, wat sou ons nie gee vir 'n goeie spoorsnyer nie! Naderhand is dit baie laat en ons sukkel maar weer terug deur die duine om vir Wallie te gaan oplaai. Wallie het ook 'n mooi gemsbok geskiet, 'n raps onder 40." Hy lyk nie baie bly nie – dit moet seker my gemsbok wees wat hom so omkrap, want hy skud net sy kop en sê dis seker al die vierde gemsbok wat hy skiet wat dit net-net nie maak vir Rowland Ward nie!

Dit word weer 'n laat aand. Wallie word weer by die kamp afgelaai en ek en Daan ry met twee bakkies na oom Elias se huis toe, sodat ons met sy bakkie kan gaan petrol koop op Askham terwyl die manne die 4x4 aflaai en slag. Ja, die 4x4 is so dors soos 'n babbelas ou wat hoogsomer 'n staptog deur die Kalahari onderneem. Wanneer ons uiteindelik weer by die kamp aankom met 80 liter petrol en 'n spoorsnyer op die bak, is dit amper elfuur in die nag.

Dit krap natuurlik vir Daan en Wallie om dat ek nie eers die gemsbok trofee geslag het nie, maar hierdie biltongjagter het nie op so 'n laat stadium van die nag nog daarvoor kans gesien nie!.

Wanneer ons klaar geëet het, sien ek Daan voel nie baie lekker oor die gemsbok wat nog iewers in die duine met 'n seer lyf rondsukkel nie. My ou maat is sommer baie depressief. Ek probeer hom bietjie opbeur deur grappies daaroor te maak – so oor sy skietvernuf en kennis van die vitale organe en so – dat die man net 'n slag kan lag en beter voel! Maar dis natuurlik 'n fout, soos baie jagters jou ook uit dure ondervinding sal kan vertel. Mens spot NOOIT met 'n ander ou wat 'n fout gemaak het nie – dan kom jy dit baie gou self oor! En sommer net die volgende dag ......

Douvoordag is ons weer op die gemsbok trop se spoor. Ons probeer vasstel of die gekweste bok nog in die trop is, maar dis maar bra onmoontlik. Wallie en Elzet besluit om af te klim en te kyk vir dalk nog 'n (groter) gemsbok of dan 'n springbok. Dus laai ons hulle weer by die draad af en ry verder. Dit lyk of 'n deel van die trop deur die draad is en 'n ander deel verder die kamp in is. Ons sukkel 'n paar keer deur die duine en kom naderhand by die anderkant van die kamp aan, waar ons sien dat die gemsbokke deur die draad is na die volgende kamp. Ek wil hê ons moet die draad platdruk en bo-oor ry, maar die gidse lag net vir my – hulle verstaan nie wat hierdie man nou probeer sê nie – dink seker ek is bietjie laf in die kop. Maar nou ja, hulle stoei ook nie heeldag met 'n 4x4 wat nie eintlik kan 4x4 nie, en ons sukkel weer verder om by die hek te kom.

Die volgende kamp laat ons besluit dat die vorige kamp se duine nog baie het om te leer – sommer die eerste duin al kom ons nie oor nie – na vier probeerslae. Dit lyk kompleet of die 4x4 sy vorige onvermoë wil oortref, of kan 'n mens dalk sê *onder*tref. Ons kom om die dood net nie oor hierdie hoë, los duine nie. Ons moet telkens ver ente ry om 'n laer plek met bietjie gras op, te soek om oor te gaan. Ek begin al wonder hoeveel dit sal kos om my blou Land cruiser met 'n helikopter in te vlieg! En die gemsbokke bly weg. Uiteindelik, as ons 'n besonder moeilike duin naderhand tot bo uit gesukkel het, sien ons amper 'n kilometer straat-af, die gemsbokke teen die volgende kampdraad wei. Daan en die gids klim af, en begin met 'n ompad soontoe loop. Die gids wou eers sommer reguit in die straat af na die gemsbokke toe loop, en dit kos oorredingsvermoë van Daan om te beduie dat mens hulle van agter die duin moet bekruip! Miskien moet oom Elias dalk sy gidse vir 'n junior I kursus na BJV stuur dat ons hulle kan leer wat jag is! Later, deur die verkyker, sien ek die gids se kop waar hy soos 'n meerkat regop sit en kyk bo-op die duin naby die gemsbokke. Ek sien nie vir Daan nie, hy lê of sit seker agter dekking, maar dan klap die skoot! Daan hulle is duin af agter die gemsbokke aan en die volgende duin oor. Ons besluit om maar eers te wag. Dan klap daar nog 'n skoot. Later fluit iemand en ons ry nader. Daan het 'n baie mooi gemsbok geskiet. Hy sê dat hy na die eerste gemsbok wat hy gekwes het, liewers nog 'n skoot geskiet het om doodseker te maak hierdie bok lê! Na die gelukwense en foto's, haal ons pens uit en laai op. Daan het baie mooi gekyk en kon nie die gekweste gemsbok in die trop gewaar nie. Die horings van hierdie gemsbok het later omtrent 40 en 'n driekwart duim gemeet. Ons ry terug na Wallie toe, hierdie keer *wys* ek hulle hoe 'n mens 'n draad platdruk en oor hom ry, want ek is nie lus om met ou sukkel-4x4 weer oor al die duine om te ry hek toe nie!

Wallie is al boos toe ons daar stilhou – hy dog ons het van hom vergeet. In die koelte by hom lê 'n springbok wat hy geskiet het – hy sê hierdie Kalahari springbokke verstaan seker nie babataal nie, want Elzet wou nie ophou gesels nie en tog het die springbokke hulle nie daaraan gesteur nie!

Ons ry nou eers terug opstal toe, want die ander gemsbok trop is in 'n ander kamp naby die huis en Mart-Marié wil ook nog graag 'n gemsbok skiet. Elmarie ry saam met Daan se bakkie na die slag- en vleis kamer, sodat sy, soos enige jagter se goeie vrou natuurlik behoort te doen, al Daan en Gerrit se bokke kan verwerk en biltong sny. Ons gids bly agter om te help slag, en net die spoorsnyer gaan saam. Hy laat ons verby die kamp ry waar ons verstaan het die gemsbokke bly, en toe ons later begin sekerheid kry dat ons wel in die verkeerde kamp is, is die détente nogal van 'n warm aard, want dit raak al taamlik laat. Ek wil ook nog 'n springbok skiet, en toe ons weer een sien, is dit my beurt om te skiet. Toe die sneller al begin afgaan, voel ek hoe ek die geweer trek, maar ek kan nie meer stop nie. Daardie skoot is nie lekker nie, sê ek vir Wallie, maar die bok val tog. Dan spring hy weer op en my haastige tweede skoot is mis. Daar trek die springbok – dit lyk of ek sy been hoog bo afgeskiet het. Nou ja, daar het jy dit nou – ek wou mos spot met 'n man wat gekwes het!

Ek en die spoorsnyer klim af om die bok te probeer opspoor, en nadat die ander 'n tweede draai by ons gemaak het met die 4x4, sê hulle dat hulle die gemsbokke maar gaan probeer soek en dat hulle my later sal kom haal. Ek en Daan het elkeen 'n GPS, en ons sal die selfone aansit (bo-op die duine kry mens nogal ontvangs), so ons be-oog om die tegnologie 'n slaggie in die jagveld te gebruik! Die gesoek na die springbok word 'n gesukkel. Daar is so baie spore dat ons telkens 'n ent ver op 'n verkeerde spoor loop. Dan gaan ons maar weer elke keer terug na waar ons die laaste keer bloed gekry het. Ek loop tot bo-op elke duin om met die verkyker te soek of ek nie die springbok sien nie. Ek sien baie springbokke, maar nie die gekweste een nie. Dis opmerklik hoe mak die springbokke is as daar nie 'n bakkie naby is nie – hierdie bokke *ken* 'n bakkie, lyk dit my! As dit al amper skemer begin raak, fluit die spoorsnyer vir my en is ons eindelik weer op die regte spoor. Die springbok het seker onder 'n bos gaan lê, want sy spoor gaan deur 'n gedeelte van 'n straat wat ek baie deeglik met die verkyker bekyk het. Dan sien ons die bok! Ons hardloop agter hom aan teen die duin op, en meer gewoond aan die plat wêreld van die bosveld waar ek gewoonlik jag, blaas my asem maar taamlik toe ek bo kom. Dan sien ek die bok waar hy staan – 'n ver skoot vir 'n bewerige jagter! As die leser hierdie verskonings aanvaar wil ek maar liewers nie verder uitwei oor hierdie skoot nie....

Hy hardloop weer, en ons agterna. Dan sien ek hom weer agter 'n bos staan en my skoot tref darem gelukkig, maar weer nie 'n doodskoot nie – dis te ver en uit die vuis uit en ek haal ASEM! Wanneer ek die slot ooptrek, is die magasyn leeg. Ek voel in my geldsakkie vir die twee patrone wat ek altyd daar bêre – maar dis leeg! Ek moes dit een of ander tyd uitgehaal het! Nou soek ek naarstigtelik na patrone in my sakke, want ek kan sien dat daardie bok waarskynlik sal vrek, maar dalk nie voor donker nie. Ek skeur amper my hempsak af, want ek voel 'n patroon onder die verkyker in die sak en die blêddie ding pas so styf in my sak dat ek hom nie vinnig genoeg kan uitkry nie. Uiteindelik het ek darem die patroon – die laaste een, dit is seker. Nou MOET ek raak skiet! Ek hardloop tot by 'n struik boompie voor my, en met my dooierus skoot is die roemlose slagting uiteindelik verby. Ek moet erken ek het maar lank gewik en geweeg of ek met hierdie storie by die waarheid moes bly, maar nouja, eerder die waarheid as wat Daan en Wallie dalk hulle eie weergawes van hierdie storie die rondte laat doen en hulle voel juis nie baie lekker oor my trofee bok nie ..... Nou ja, nou het ek met hierdie petalje 'n jare lange een-skoot-per-bok rekord verbreek - dit sal my leer om nie met 'n ander man se foute te spot nie!.

Dit is nou al sterk skemer, en van Daan en Wallie en die 4x4 is daar geen teken of geluid nie. Ek bel met die selfoon en gelukkig het hulle toe ook sein. Ek sê dis reg, kom haal my! Wallie sê, "nee, ons is baie ver van jou af, dit was te ver om oor die duine terug te sukkel voor donker en ons trek nou naby die kamp." Ek dog eers hy grap, maar kom gou agter, die man is ernstig! En ons is ver van alles af!

Nou ja, daar is net een raad – voet saam na die pad tussen die kamp en die huis!

Die manne van die duine ken van sand trap. Met springbok en al loop die spoorsnyer vir my weg teen die duine op. Afdraande haal ek hom bietjie in, en ek kry skaam dat ek nie kan byhou nie. Dan troos ek my daaraan dat ek darem al vyftig is en hy seker nog nie vyf-en-twintig nie, en hy loop daagliks in die duine. Dit is al goed donker toe ons na die sesde duin-en-straat en die tweede kampdraad uiteindelik by die pad aankom waar ons kan rus en vir die ander manne wag.

So het ons jag tot 'n einde gekom. Ek en Daan moes natuurlik eers weer Askham toe ry met die 4x4 om dit vol petrol te maak, nie dat dit baie gehelp het nie, want toe ons terug op die plaas is, het die tenk al weer beduidend gesak. Maar ons was gelukkig – met ons bokke, die wonderlike Kalahari wêreld en die mense daar. Ons was gelukkig dat ons al ons gemsbokke en 'n paar van die springbokke te voet kon gejag het. Ek was bly dat ek nie 'n seer kwes-bok op die veld agtergelaat het nie, maak nie saak hoeveel skote ek geskiet het nie! (Ek het vir oom Elias gesê hy moes my eintlik vir daardie springbok dubbel laat betaal vir al die skote wat ek op hom geskiet het, maar die goeie oom het net vir my gelag.)

Die volgende oggend ligdag het ons vertrek – ek het vooruit gery nadat ek die 4x4 vier se wiele gepomp het om bietjie 'n voorsprong te kry terwyl Daan en Wallie die vleis laai en ook hulle bakkies se wiele pomp. Ons het Sondag deurgery tot op Tzaneen en laat hier aangekom.

Ek sal graag weer wil gaan – Kalahari toe – maar dan wil ek al my bokke op my eie twee voete jag en ek wil daai blêddie gehuurde 4x4 nooit weer sien nie!

Oor onthou waarmee ons besig is en so ....

Hierdie is eintlik Frans Roos se storie, maar aangesien ek hom laas toe ek hom gesien het gesoebat het om die storie te skryf en hy nog nie reageer het nie, gaan ek dit nou maar vertel soos ek dit kan onthou – dis te 'n goeie storie om verlore te gaan! Frans moet ook maar verskoon as al die feite nou nie so honderd persent reg is nie en ek so bietjie ingekleur het en so.

Dis 'n voorsit storie dié, van kennisse van Frans wat bietjie vergeet het waarmee hulle besig is, of waar hulle op pad heen is – iets wat die Bosveld jou mos nie altyd vergewe nie. Die kennisse van Frans moes naamlik vir 'n gemeenskaplike vriend wat 'n plaas het, 'n bietjie gaan land oppas en die koedoes wat so 'n verpesting in sy aartappelland is, 'n slag of wat goed skrik maak. Langs die land staan daar toe, asof uitsluitlik vir dié doel, 'n yslike kremetartboom wat 'n uitstekende voorsitplek blyk te wees. Koedoes kyk mos nie maklik op nie en die wind is ook nie so 'n faktor as jy doer bo in die takke sit nie. Die manne bou toe 'n oop platform hoog bo in die kremetartboom en is laatmiddag met 'n leer teen die stam uit. Hulle was gewapen met genoeg vloeibare proviand vir hulle en as 'n man met normale kapasiteit die saak so kon bekyk, was daar eintlik genoeg proviand vir die hele trop koedoes ook.

Soos die nag vorder het die manne dit hulle erns gemaak om te verseker dat daar nou nie dalk iets oorbly aan die einde van die nag sodat hulle weer met 'n klomp oortollige proviand teen die leer moet af ondertoe nie. So af en toe het die man met die lig darem so 'n slag oor die land geskyn om te kyk of die koedoes nog nie opgedaag het nie.

Een van die manne was so 'n groot kêrel met 'n nog groter mond om by sy ander proporsies te pas. Terwyl die manne so deur die nag skouer aan die wiel sit met die proviand, begin die man se prestasies uit die verlede en dié wat nog in die toekoms gaan gebeur, ook toeneem in voortreflikheid namate hy sterker en dapperder word, van die proviand nou. Alles natuurlik in fluisterstemme, want koedoes het goeie ore. En hoe later in die nag hoe meer sissender word die gefluister, sodat die koedoes sweerlik later moes gedink het daar is 'n mamba-nes bo in die kremetartboom.

Dit moes so ongeveer hier by drie-uur die oggend en 'n goeie 80% deur die vloeibare proviand voorraad gewees het dat die ligman weer 'n slag oor die land skyn en daar skielik die gestalte van 'n reusagtige koedoebul in die lig vorm aanneem. Voordat almal se verstande nog kon interpreteer wat die oë sien (wat natuurlik nou nie so vinnig kon gebeur as normaalweg nie – as gevolg van die proviand nou), klap die groot kêrel se skoot en die koedoe slaat in sy spore neer. Terwyl die manne daar op die platform hoog bo in die kremetartboom hom op die skouer klop om geluk te wens met sy vinnige reaksie (ten spyte van...) en goeie skoot, stap die groot kêrel toe mos reguit aan koedoe toe ....

Soos ek sê, mens moet maar altoos onthou waarmee jy besig is en waarheen jy op pad is. Veral ook moet jy onthou waar jy is - en miskien net seker maak dat jy al op die grond is - vóór jy na jou koedoe toe begin aanstap! Frans sê dis nou een slag waar dit goed was dat iemand vol vloeibare proviand was - as dit nie daarvoor was nie, het die groot kêrel hom sweerlik doodgeval!

Daardie Olifantshoek Jagtog ...

Dis 'n láááng storie dié – seker omdat dit gebeur het daar in die Noord-Kaap, waar tyd nie met 'n horlosie gemeet word nie – eerder met die almanak! My groot vriend André le Grange reël vir ons 'n jag in Julie 2004 naby Olifantshoek. André het op Warrenton in die Noord-Kaap groot geword, daar waar daar niks is wat so belangrik is dat dit nie vir 'n dag of twee kan wag nie. Twee weke voordat ons gaan jag, is daar skielik probleme. Die eienaar van die plek waar ons gaan jag, het die plek verkoop en niks vir André laat weet nie. Die nuwe eienaars is twee professionele golfspelers, Ernie Els en Des Terblanche en ook 'n apteker van Vryburg. Na baie koorsagtige onderhandelings, het die nuwe eienaars ingestem dat ons jag kon voortgaan. Die vorige eienaar het egter omtrent al die wild op die plaas laat vang, en die nuwe eienaars moet nog ander wild inkoop. Maar hulle het 'n jong voorman op die plaas wat vir ons by 'n buurplaas 'n jag vasgemaak het – hy sal ons vergesel.

Behalwe André en myself, sou my goeie vriend Daan Roux en André se broer Jacques gaan saam jag. Daan vat sy gesin saam – hulle ry met een bakkie, ek ry saam met André terwyl Jacques, wat van Warrenton af ry, ons op Olifantshoek by die plaas sal kry. Omdat André my 10 uur die

Woensdagoggend sou kom oplaai, loop ek al 9 uur by die werk weg om my goedjies bymekaar te kry. En ek wag ....

Op die kop vyfuur die middag ry ons eers uit Tzaneen se hoofstraat weg. (Ek het mos gesê André het in die Noord-Kaap grootgeword!). Nou vertel André my dat ons Zeerust moet omry, want ons moet eers vir Lizl, sy vrou, daar by haar ouma gaan aflaai, waar sy sal kuier terwyl ons gaan jag. André besluit om op Warmbad af te draai en van daar met 'n sogenaamde kortpad deur te ry Zeerust toe. Ek sê "André, kom ons ry Rustenburg om, die snelweg wat anderkant Petroport wegdraai, het pas oopgemaak, ons sal vinniger so om ry." "Nee," sê André, "hierdie is 'n baie mooi stuk bosveld waardeur ons ry." Maar natuurlik het ons pas op sy pad begin ry, of dis donker, en ons kan niks van die pragtige bosveld sien nie. Net die een "rural settlement" na die ander. En drie kilometer voor elke "settlement" is daar 'n 60 km/h bordjie, tot weer drie kilometer ná die "settlement." Toe ons na 'n paar uur se derglike gesukkel 'n bordjie kry wat Derby / Koster wys, dwing ek amper vir André om daardie pad te vat sodat ons weer op die hoofroete kan kom – die tyd gaan verby! Dit is bitterlik koud buite, en binne in die kar het André die verwarmer so warm gestel dat ek sweet van die hitte. Maar nou mag ek nie in sy kar rook nie, so daar moet elke kort-kort gestop word sodat ek my pyp buite kan opsteek – waar die ysige koue amper jou asem wegslaan ná die oond van die verwarmer binne. En ek voel hoe die ligte griep wat ek gehad het, my al hoe vaster in sy greep kry.

Twaalfuur Woensdagnag is ons vir die derde keer besig om te verdwaal op Lizl se aanwysings wat haar ouma vir haar oor die selfoon verduidelik hoe ons moet ry om by haar huis uit te kom. Toe praat ek maar met die tannie en ons kry die tagtigjarige tannie so twee blokke van haar huis af waar sy al vir ons staan en wag in die ysige koue. Sy wys ons aanbod om vinnig in die warm kar te klim, van die hand, en draf sommer die twee blokke voor ons uit huis toe! Wil gedoen wees op tagtigjarige ouderdom! Daar moet ons eers 'n koningsmaaltyd eet en ek en André kom eers weer eenuur in die pad Olifantshoek toe.

In die hoofstraat van Kuruman, halfvyf Donderdagoggend, stop André en sê hy is nou rêrig moeg en gaan nou eers net 'n uiltjie knip. Vyf minute later skrik ons altwee gelyk wakker en sien 'n swarte wat baie doelgerig op ons afgeloop kom oor die straat. Net daar ry ons toe maar verder en hou presies kwart voor ses die oggend by die plaas anderkant Olifantshoek se hek stil. Omdat ons nie weet waarheen om in die plaas te ry nie, besluit ons – nou gaan ons eers bietjie slaap! Dit is bitterlik koud – André het darem 'n kombers, maar ek, wat teen hierdie tyd hondsiek is van die griep (van al die koud/warm met die pyprokery), moet myself met 'n handdoek en 'n hemp, wat al is wat ek vinnig in die hande kon kry, probeer toemaak teen die koue. En ons slaap die slaap van dooies – vir presies vyftien minute lank, want op die kop sesuur is daar 'n geklop op die kar se dak en Jacques se "Toe, toe, wat se geslapery is dit hierdie as ons moet gaan jag!" het nou rêrig nie soos musiek in my ore geklink nie.

Terwyl ek en André styf-styf uit die kar klim en vir Jacques met min entoesiasme groet, kom 'n jong man van binne die plaas deur die hek gery en stop by ons. Hy stel homself voor en sê hy is die man wat ons op die jag gaan uitvat op die buurplaas. Hy moet net eers gou dorp toe ry en sal ons bietjie later by die kamp kry. Ons ry in kamp toe soos hy beduie het en kom gou by 'n plek aan wat mens amper as 'n "Lodge" sou kon beskryf.

Dis 'n pragtige plek met net so 'n pragtige uitsig oor die plaas. Daar is 'n groot eetplek (amper 'n restaurant) met 'n mooi kroeg in en rondom is daar drie huisies. Ons kry vir Daan en sy gesin by een van die huisies en hy stel ons voor aan Des Terblanche en die apteker van Vryburg en dié se pragtige vroutjie, wat ook 'n apteker is.

Nadat ons eers lewensreddende koffie gedrink het, verneem ons waar ons slaapplek is. Wanneer ons hoor dat daar geen huisies beskikbaar is nie en dat ons in 'n oop lapa (sonder dak) met net 'n lae muurtjie aan die een kant in die ysige kalaharinag sal moet slaap, kom Daan vinnig tot ons redding. Hy het naamlik pas herstel van net so 'n erge griep soos wat ek nou mee sit en vra of daar dan géén ander (meer beskutte) slaapplek vir ons is nie – terwyl ek nou so erg griep het. Na 'n bietjie kopkrap sê Des dat daar bokant die eetplek 'n houtdek is waar hulle vir ons drie elkeen 'n matras kan gooi – waarmee ons natuurlik dadelik akkoord gaan en ons dra ons goed teen die houttrap op boontoe.

Nou wag ons al weer – hierdie keer vir die jongman om uit die dorp terug te kom. Dis naderhand nege uur ... tien uur .... eers om halfelf hou die man daar stil. Maar hy lyk effens bekommerd. Hy sê hy het die boer waar ons gaan jag aanmekaar uit die dorp uit gebel, maar kry hom nie in die hande nie. Hy het naderhand na die ou se vrou toe gery in die dorp en sy het ook probeer bel, maar kry hom nie. Net op daardie oomblik lui sy selfoon. Dis die boer – hoogs ontstoke. "Waar is julle, hoekom kom julle nie uit nie!" Die jong man verduidelik die hele storie van die bellery en sê: Maar ons is nou by oom." "Nee," sê die oom, "ek laat my nie so rondfoeter nie, ek wag die hele oggend en julle kom nie uit nie, die jag is af!." "Maar oom, hierdie mense het al die pad van Tzaneen af gery om hier te kom jag, oom kan mos nie nou kanselleer nie!." "Dis nie my probleem nie, dis my plaas en ek kan maak op my plaas wat ek wil. Die jag is af en klaar!"

En daar sit ons sonder 'n jag! Al die pad gery van Tzaneen af, 'n nag glad nie geslaap nie, en nou – geen jag!

Nou word daar wild en wakker gebel. Die jong man bel rond, Daan bel vir oom Elias le Riche, en André en Jacques bel mense wat hulle ken. Maar dis hoog jagseisoen en almal het reeds jagters. Wat nou? André wag nog vir een van sy skoolvriende van Warrenton om terug te bel, maar verder het almal bloutjies geloop.

Die jong man stel voor dat ons dan maar die dag daar op die plaas moet probeer jag, miskien is daar nog iets oor om te skiet. Ons mag maar van die volstruise wat op die plaas oor is, ook jag, maar niemand is lus daarvoor nie. Miskien kry ons dalk 'n ribbok, daar hang 'n baie mooi stel ribbokhorings in een van die store. Maar dit sal 'n spanpoging verg om iets in die hande te probeer kry.

Daar word 'n strategie uitgewerk. Eers iets eet, dan sal ek en Jacques in die rantjie wat die (nie baie groot) plaas min of meer in die helfte verdeel, op twee strategiese oorgangsroetes gaan voorsit. Daan en sy twee kinders sal onderkant die wind op die grens van die plaas met die voet jag rantjie toe en André en die jongman sal die plaas aan die anderkant van die rantjie met die bakkie deurwerk.

Ek kom gou agter ek het die verkeerdste deel van die jagstrategie getrek – dit word 'n bitterlike stryd om wakker te bly na die vorige nag se net twintig minute onderbroke slaap. Ek is naderhand self nie meer seker of ek wakker is en of ek insluimer nie, met die min slaap aan die een kant en die desperaatheid om darem iets dood te kry na die sover moedbrekende verwikkelinge, aan die ander kant. Ek slaak eintlik 'n sug van verligting as ek laterig die middag vir Daan en sy kinders onder ons gewaar en terselfdertyd die bakkie aan die ander kant hoor nader kom.

Niemand het eers iets anders as volstruise gesien nie. Wat 'n teleurstelling! Maar toe kry ons vir die eerste keer die dag goeie nuus: André se skoolvriend het hom teruggebel en gesê ons kan die volgende dag op sy pa se plaas naby Warrenton gaan jag. Ons mag vier gemsbokke skiet en miskien een of twee springbokke. Nou ja, dis beter as niks! Ons voel effens beter as ons terug ry kamp toe en ons spreek af om die aand by Daan se huisie te gaan braai en daarna vroeg in te kruip. Ek en André het slaap dringend nodig!

Ons hou 'n lekker braai op die braaiplek voor Daan-hulle se huisie en ons almal se gemoedstoestand is strate beter as wat dit op 'n stadium die oggend was. Daan het nooit leer alkohol drink nie en uit innige meegevoel met hom drink ek, André en Jacques elkeen net een likeurtjie. Na die braai sê ons almal nag en ons stap na ons slaapplek toe. Nou gaan daar geslááp word! Wat 'n dag!

Toe ons by die eetplek instap, sê André: "Kyk, na vandag se dinge het ek nou rêrig 'n *regte* dop nodig, dan gaan ons darem 'n barshou slaap!." Jacques haak in die verbygaan 'n bottel 5 jaar KWV brandewyn uit sy bakkie en ons stap in – en loop ons in Des vas, wat wil weet hoe dit gaan. Ons vertel hom en hy sê, "nou kom ons gaan sit daar by die kroegie, dan drink julle julle slaapdop daar." Ons maak so. Des skuif agter die toonbank in en kry vir ons almal glase en ys. Hy is kroegman. Net toe kom die apteker en sy mooi vroutjie ook daar aan en Des skink vir hulle ook. En toe begin die GROOT gesels ....

Lanklaas in ons lewens het ons gelag soos daardie aand. En natuurlik word die slaapdop toe slaapdoppe. Moet sê, dis nogal gaaf om saam met twee aptekers te kuier – so na die derde dop kry elkeen twee pilletjies wat more-oggend se babelaas gaan voorkom. En hulle praat – en ons lag dat dit naderhand agter ons ore begin pyn!

Des se broer, sy naam is Jan, is 'n karakter, hoor ons. Hy is 'n stoet-Brahmaanboer en wen gereeld baie pryse op skoue. Maar hy is eintlik nog beter met die kuiery, hoor ons ook. Maar wag, laat Des self vertel:

"Ek en Jan staan een aand so en vleis braai op sy plaas net buite die dorp, toe die Coke opraak. Nadat ons vir die vrouens opdrag gegee het om 'n ogie oor die vleis te hou omdat ons gou gaan coke koop, spring ons in Jan se bakkie.....

Drie dae later kom ons deur die plase teruggery na Jan se huis toe. Ons ry by 'n plaasboer aan. "My maggies Jan, hoe gaan dit?" vra die boer.

"Waar bly ek?" vra Jan. Nadat die boer vir Jan beduie het hoe ons moet terugry na sy huis toe, ry ons by 'n donkiekar vol mense verby. Dis duidelik dat hulle Jan goed ken, want hule val amper van die karretjie af so oordrewe groet hulle. Hulle het verseker al gehoor wat gebeur met iemand wat hierdie kwaai boer nie groet nie....

Jan gooi ankers op die grondpad dat die klippers alkante toe wegspat. "En nou, Jan?" vra ek. Hoor jy nie hoe vloek daardie donnerse klomp my nie?," en hy gooi sy bakkie in trurat en jaag oop- en toe in trurat terug donkiekar toe."

Eers sien ek aan my linkerkant hoe die een donkie verbykom. En aan Jan se kant die ander donkie. En toe kom die disselboom deur die dubbelkajuit se agterruit!

Toe ons Jan se werf binnery, kom die vrouens by die huis uitgestorm. Die trane stroom en hulle is nie seker of hulle bly is of hoogs bedonnerd nie. Want toe het hulle al die Polisie en die hospitaal en die lykshuis en al die bure gebel maar kon ons nêrens opspoor nie.

"Waar was julle! Wat het gebeur?" Nee," sê Jan op sy gewone kortaf manier "ongeluk gehad, 'n donkiekar het van agter af in ons vasgejaag!"

Die apteker vertel weer van die baie bekende springbokrugbyspeler, vir wie hy duidelik nie ooghare het nie, (ek sal maar liewer nie die springbok se naam noem nie) wat so ordentlik is. Hy sê: "Weet jy hoe ordentlik is daardie ou? 'n Regte jintelman, hy is so ordentlik, hy het 'n meisie sewe keer op 'n 'date' uitgevat voordat hy haar broer bed toe gevat het!" (Hy het natuurlik nie die woorde "bed toe gevat" gebruik nie maar 'n meer beskrywende woord.)

Nadat Jacques die tweede bottel KWV gaan haal het lag en kuier ons eers lekker. Die apteker vertel staaltjies uit sy studentedae en Des vertel van sy en Ernie se kaskenades wat hulle in die ooste aangevang het en nog stories van sy broer Jan en ons lag al die frustrasies van die fiasko van die oggend uit ons gestelle uit!

Naderhand besluit ons kyk, nou gaan ons RÊRIG slaap! Ons sê nag en terwyl André en Jacques die leertjie uitklim na ons slaapplek toe, moet ek nog vir oulaas die een en ander oor die jagopset, reëls ensovoorts op jagplase vir die apteker verduidelik – hulle wil ook weer op die plaas laat jag. 'n Kwartier later klim ek ook die leertjie uit en toe ek my selfoon uit my hempsak haal voor ek op die matras neerval, vang my oog die tyd: 05:45! Ag nee, nie nog 'n nag nie! Ek slaap feitlik onmiddelik – tot sesuur - 'n volle vyftien minute! - toe wéér Jacques my aan die skouer skud en sê "Staan op, ons ry nou Warrenton toe!" Ag nou ja .....

Die drie en 'n half ure se ry Warrenton toe praat André aanmekaar en wys interressante plekke en dinge vir my – hy het mos in hierdie wêreld grootgeword. Maar as ek nou vandag terugdink is dit vir my al of daar hele ente van die pad is wat ek nie meer mooi kan onthou nie, wonder hoekom nie? Dis al vir my of daardie pad eintlik net twee ure se ry geduur het ...

Toe ons op Warrenton by André se ma se huis aankom, hoor ons vir die eerste keer dat ons by haar gaan tuisgaan en nie op die plaas waar ons gaan jag nie. En sy ma wil van geen betaling hoegenaamd eers hóór nie! Ons weet dat André se pa nie baie lank gelede nie oorlede is en sy ma vertel ons dat sy stoksielalleen in die kolossale grote huis bly en dit baie sal verwelkom om ons daar te hê! Nou ja, die Noord-kapenaars mag geen ontsag vir tyd hê nie, maar beter en meer gasvrye mense sal jy seker nie sommer in ons land kry nie – soos ons in die volgende drie dae nog meer deeglik sou agterkom ...

Omdat André se vriend Manie eers ná middagete beskikbaar is, wys André ons eers sy grootwordwêreld daar langs die groot rivier – mens kom dadelik agter dit is 'n plek waar enigeen graag sou wou grootword. Na 'n reusagtige, uitstekende middagete, ry ons na die jagplaas toe. Maar alles gebeur *tydsaam,* sonder enige haas of angs. Die ryery, die groetery, die verduidelikery oor hoe die jag gaan werk, die organisasie om die handlangers bymekaar te kry – alles! Maar uiteindelik is alles darem laatmiddag gereed vir die jag, vir ons wat in die ou Transvaal groot geword het, 'n vreemde tipe jag.

Die strategie word vir ons leke verduidelik (*tydsaam* natuurlik!). Ek, (met Daan se seun Gerrit by my) word so honderd tree van 'n hoek afgelaai, Daan en sy dogter Mart-Marié honderd tree van die ander hoek, en André en Jacques elkeen naby die draad 'n hele ent nader aan die opstal. Ons mag net bulle skiet, en ons moet asseblief *seker* maak dis bulle.

Daar is een bul met 'n geel oor-"tag" wat onder geen omstandighede geskiet mag word nie, maar die bul loop in 'n ander kamp. Nou probeer ek en Gerrit ons self so klein en onopsigtelik as moontlik maak agter 'n uiters lae plat miershoop, vol dorings rondom.

Iewers aan die bokant van die plaas, buite sig, is die arbeiders op perde besig om die gemsbokke net saggies aan te roer na ons kant toe. Na 'n ruk pomp die andrenalien skielik as ons die troppie gemsbokke gewaar waar hulle binne sig kom en op 'n rustige perdedraffie in Daan en Mart-Marié se rigting gaan. Dis Mart-Marié se beurt om te skiet, sy het mos nie die slag by oom Elias haar gemsbok gekry nie. Maar die gemsbokke is naderhand verby Daan-hulle sonder dat daar 'n skoot klap.

Nou kom hulle teen die draad op na ons kant toe. Hulle gaan tot in die hoek op 'n draffie en teen die ander lyndraad op totdat hulle regoor ons reuk kom, en gaan staan dan. Nou probeer ek deur die teleskoop doodseker maak watter een is 'n bul – ja daar is die bul, maar net as ek wil skiet, draf hulle weer terug hoek toe. En so gaan dit aan, telkens as ek sien, ja dis 'n bul, dan begin draf hulle weer. Ek en Gerrit seil rondom daardie miershoop asof die doringgrond onder ons 'n persiese tapyt is, ons voel nie eers die dorings nie! Toe, na die hoeveelste keer dat hulle vassteek, sien ek dis 'n bul *en* ek kry kans om te skiet!

Na die skoot is daar absoluut geen reaksie van die bul nie en die gemsbokke draf rustig aan na Daan-hulle se hoek toe, Nou is ek in groot onsekerheid – was dit mis? En hoe kan dit mis wees? Die gemsbokke kom weer terug van Daan se hoek af en ons kyk en kyk of ons 'n kwesbok sien – niks! Die gemsbokke beweeg weg van die draad af na ons kant toe en is naderhand twintig tree van ons af! Is hulle dan blind? As ek net geweet het hulle sal so naby kom kon ek darem 'n baie veilige doodskoot skiet!

Ons kan geen merkie aan enige bok sien nie – daar is een wat lyk of dit dalk 'n hinkstappie kan hê, maar dis 'n koei. (Net om darem seker te maak, het ek vir Manie gevra om ná die naweek weer te kyk of daar nie 'n gemsbokkoei gekwes is nie, dalk deur 'n opslagkoeël of klip, maar 'n week later het hy vir André laat weet die koei is gesond en hinkstap nog altyd met geen teken van 'n wond nie),

Naderhand sê ek vir Gerrit: "Nee wat jong, kom ons staan stadig op dat hulle na André toe kan beweeg dat hy miskien 'n kans kan kry, ek gaan nie weer skiet voor ek nie seker is wat met my eerste skoot gebeur het nie. Die gemsbokke beweeg na André se kant toe as ons opstaan en ek stuur vir

Gerrit na die plek toe waar die bul gestaan het toe ek geskiet het – sodat ek hom kan beduie om presies op die regte plek te staan voordat ek ook gaan kyk.

Maar die seun loop en loop en loop en ek begin 'n vae spesmaas kry van hoekom daardie gemsbok niks tekens van 'n raakskoot getoon het nie. En toe Gerrit op die presiese plek staan waar die bul was toe ek geskiet het, en ek aftree soos ek soontoe loop, word my vermoedens bevestig – dis omtrent vierhonderd tree, so ek het seker twee meter te laag geskiet!

Met dié dat ek die gemsbokke heeltyd deur die teleskoop gevolg het om seker te maak dis 'n bul, het ek nooit agtergekom hoe ver hulle werklik van my af beweeg het nie! Buitendien is 'n jagter wat merendeels in die bosveld jag waar jou skote gewoonlik heelwat minder as honderd tree ver is, se afstandskatting in die ooptes op sy beste uiters beroerd!

Dit is dan ook hoekom Daan nie toegelaat het dat Mart-Marié skiet nie, hoor ons later die storie – elke keer as hy 'n bul vir haar identifiseer het, is die grootpad agter die bul, of daar is huise in die verte. En al het André hom later verseker dat hulle altyd so skiet omdat die huise omtrent tien kilometer ver is en dat dit net naby *lyk* vir 'n bosveldjagter, kon Daan net nie sy ingebore versigtigheid ignoreer as daar iets in die agtergrond is nie!

Maar om terug te keer na die gemsbokke – toe ons weer terugkom by ons miershoop, hoor ons daar knal André se 375H&H. Ek hoor die skoot klap, maar net daarna klap daar nog 'n skoot, maar hierdie keer die 243! Nou verstaan ons nie wat aangaan nie – André was alleen, waar kom die 243 skoot vandaan en waarom is daar met hom geskiet? As ons Manie met die bakkie in die verte aangery sien kom, loop ek en Gerrit ook na André se kant toe. Van ver af al sien ons die gemsbok lê – maar dis eers as ons amper by hom is dat ons die twee skote op die gemsbok sien – 'n grote perfek op die blad en 'n kleiner een in die kop. En aan dieselfde kop ook 'n heldergeel oor-"tag!"

Nou daar het jy dit nou – snaaks dat geel oor-"tags" so 'n verskriklike magnetiese aantrekkingskrag vir jagterskoeëls het! Want wees maar verseker, as daar bokke met geel oor-"tags" op 'n plaas loop wat nie geskiet mag word nie, is dit gewoonlik die eerste bokke wat val! (Selfs al is hulle ook nou veronderstel om in 'n ander kamp te wees!).

Nou kom 'n nare ontdekking: André se eerste skoot met die 375, is op 'n plankdwars bok presies op die regte plek op die blad in – en die 300 grein Hornady koeël het op die bladbeen uitmekaar gebars en glad nie penetreer nie. Was dit te naby sodat die 375 koeël nog nie stabiliseer het nie? Was die Hornady koeël se konstruksie nie sterk genoeg om teen die relatief hoë spoed so naby die loop bymekaar te hou nie? Wie sal weet, maar André het dadelik onraad gemerk en met die 243, wat hy ook by hom gehad het vir ingeval hy 'n springbok sien, dadelik die bok 'n doodskoot gegee – gelukkig ook, nê.

Maar my storie raak nou te lank, ek sal moet ophou vertel. Na ons André se bok afgeslag het, is ons terug na sy ma se huis toe. Ons het met ons aankoms gehoor dat André en Lisl (wat vir haar ouma van Zeerust af met dié se kar Warrenton toe gebring het) en sy ma en al hulle familie 'n groot familiefees het die aand – iemand het verjaar wat sestig of sewentig jaar oud was vandag en dis 'n groot makietie. Hulle wil opsluit hê ons moet saam, maar ek het in twee nagte saam omtrent 'n halfuur lank geslaap en Daan-hulle is nie lus om te gaan nie omdat ons mos nou nie van die begin af genooi is nie en niemand daar ken nie. So ons bly by die huis toe hulle wegry. Of so het ons gedink, want skaars 'n kwartier later is André terug en sê sy hele familie het gesê hy moet ons kom haal en hy moenie sonder ons daar aankom nie! So, nog 'n paartie!

Nou ja, die gevolg is dat ons eers amper haltwee die nag in die bed kom na 'n baie gesellige aand met elke mens daar wat meer gasvry wil wees as die vorige een en ons spesiaal kom uitsoek om mee te gesels. So kry ons darem op ons derde nag 'n bietjie slaap in, maar ook nie te veel nie, want Manie het gesê hy kom ons baie vroeg die Saterdagoggend haal om te gaan verder jag!

Ja, jy's reg, ons *het* ons weer laat vang deur die Noord-kapenaars se "baie vroeg," want Manie kom toe eers halfelf daar aan.

Intussen het Daan 'n oproep van een van sy werksmense op die plaas ontvang en ek sien op sy gesig dis baie slegte nuus. En 'n paar oproepe verder, terwyl ons reeds op pad jagplaas toe is, bevestig dit: Daan se vriend Frikkie wat sy plaas opgepas het terwyl Daan saam met ons jag, het op Daan se plaas doodverongeluk met 'n mikroligte vliegtuig. Dit plaas 'n groot demper op die hele groep, en Daan wil net daar en dan terugry huis toe. Ek moet mooipraat om hom te oortuig dat hy ten minste net vir Mart-Marié 'n kans moet gee om haar gemsbok te skiet voordat hy ry, 'n uur of twee gaan tog geen verskil maak nie en Mart-Marié wag nou al vir meer as twee jaar vir so 'n kans.

Ons is dit almal eens dat Mart-Marié nou natuurlik eerste kans moet kry, en om tyd te bespaar, moet ons sommer die bakkie gebruik. Sy skiet ook baie gou 'n baie mooi gemsbok met 'n perfekte hartskoot en na die fotosessie, groet ons vir

Daan en sy gesin en hulle val in die pad terug huis toe. Wat 'n jammerte dat hulle naweek op so 'n droewige noot moes eindig!

Nou ja, nou gaan ek rêrig klaarmaak met my storie. Ek en Jacques het toe darem ook elkeen 'n mooi gemsbokbul geskiet maar die springbokke kon ons glad nie in die hande kry nie – ons het 'n gat deur die grensdraad gekry met baie springbokspore daardeur en moes hulle toe maar los.

Toe André, Jacques en Manie na 'n paar doppe en toe dit al sterk skemer was, wou gaan "sports" maak, het ek rêrig hardegat getrek en hulle gedwing om al die gewere in die ou huis op die plaas toe te sluit. Soos gewoonlik het die "sports" maak (darem sonder gewere) natuurlik in 'n vassitery ontaard toe die bakkie tot op sy pens in 'n erdvarkgat val, maar ons is darem donker weg van die plaas af, nadat André met brute krag en 'n bloekompaal die bakkie uit die gat ge-hefboom het.

Weer 'n wonderlike ete verder kon ons darem op ons vierde nag van die jagtog vir die eerste keer 'n volle nag se slaap inkry.

Maar nog was dit "het einde niet" wat die Noord-kapenaars se gasvryheid aanbetref, want toe al die karkasse (ook Mart-Marié s'n) in 'n sleepwa gelaai is en gehaak is, met ons goed binne in André se kar gepak, moet ons vir oulaas weer 'n bul-ete gaan eet. Maar dis net daar waar André se ma besluit ek is seker te skaam, want ek skep hopeloos te min in – sý sal vir my inskep!

Oordaad se moses! Die kos troon soos die berg Ararat bokant die bord uit! Nodeloos om te sê, ek kon nie eers twee derdes deur daardie bord kos ge-eet kry nie, toe voel ek al soos wat Jimmy Abbot lyk.

So het 'n jagtog wat met 'n fiasko begin het, op 'n baie droewige noot ge-eindig. Maar soos Eugené Marais se gedig *Skoppensboer*, was dit ook 'n geval van 'n "druppel gal in die soetste wyn" – die soet was die wonderlike gasvryheid van die Noordkapenaars en die pragtige, anderste soort wêreld en anderster soort jag, die hope gelag en pret en die vier gemsbokke wat darem op die ou end kon bakkie-ry – waarlik 'n jagtog wat nie een van ons seker maklik sal vergeet nie!

Die Bajonet –effek

'n Nagmerrie–ondervinding vir 'n jagter. Dit is hoe mens dit kan beskryf as jy net op 'n dag met jou geweer waarin jy 'n grondige vertroue het omdat jy al duisende skote op die skietbaan en die jagveld daarmee geskiet het, 'n skoot skiet wat almal, insluitende die bok, in verwondering laat opkyk om te probeer vasstel wat van jou baie noukeurig–gemikte koeël geword het. 'n Koeël wat beslis nie binne enige meters van die bok se gemaksone verbygetrek het nie. En moet asseblief nie dink dat so-iets nie met jou kan gebeur nie.

Ons jag weer in Mei 2005 in die Kalahari – by oom Elias le Riche. Dis nie lekker nie, dit is sommer baaaie lekerrrr!

Miskien omdat oom Elias ons nou reeds beter ken, kan ons baie met die voet en alleen jag, wat dit baie besonders maak. Daan en Gerrit loop die hele grote plaas van hoek tot kant deur en ons ander ry met die bakkie en laai dan oral van die jagters af om alleen en met die voet te jag. Ek doen 'n baie lekker alleen bekruipjag om 'n gemsbokbul te skiet en dan self sy bloedspoor vir die sestig of wat meter wat hy hardloop te volg om hom in die baie lang kalaharigras (dit het baie goed gereën daar) te kry waar hy doodlê (ek kon hom glad nie voor die tyd sien nie). Dit is regtig 'n voorreg om so stoksielalleen in die kalahari te jag. Oom Elias weet hy kan ons vertrou.

Dan kom die hartbeesjag gedeelte van ons jagtog. Die boer wat oom Elias vir ons vasgemaak het waar ons hartbees sou jag, is skielik vol allerhande stories en ons is opeens in 'n penarie dat ons tyd byna om is en daar is nog geen hartbees wat wil bakkie ry nie! Gelukkig kan oom Elias vir ons op 'n ander buurplaas 'n jag reël en vroeg op die voorlaaste oggend slaan ons by die boer uit. Hein Höll, Hannes Davel en NW Lichthelm het die vorige week daar gejag en ná ons versigtig verneem het hoe hulle hulle gedra het en die boer ons geesdriftig verseker het van hoe goeie ouens hulle is, vertel ons hom gou dat ons ook van BJV is en dat al die BJV lede hulle so goed gedra!

Die jagtery verloop bietjie anders as wat ons wou – die boer ry met JOU bakkie (in hierdie geval Karl Osmers s'n) en daar is een jagter op 'n slag agterop. Hy vind die bokke en met 'n taktiek wat hy seker oor 'n tyd ontwikkel het, druk hy die hartbeeste telkens net so effens aan totdat hulle op 'n stadium nie te ver van die bakkie af vassteek en dan word jy opdrag gegee om te laai en te skiet. Eers is dit Karl se beurt en hy skiet 'n pragtige hartbees (deur die boer aangewys) wat later die ander manne redelik jaloers laat word het. Toe dit my beurt is, waarsku Karl my om op te pas dat ek nie die dak raakskiet nie (ek het gewonder hoe ek *dit* sou regkry.)

In elk geval, na 'n ruk is die hartbeeste weer kalm en na die soveelste stop kry ek die opdrag van die boer om te skiet. Die bakkie staan bo-op die duin, en alhoewel die loop naby die dak is, is daar darem nie kans dat Karl se vrese bewaarheid sal word en ek die dak kan raakskiet nie. Ek is baie kalm en vol selfvertroue wanneer ek die skoot aftrek, en ek weet dis 'n doodskoot. Maar dan gebeur daardie einste nagmerrie–ondervinding! Die hartbees kyk my net effens versteurd aan en skuif sy herkoutjie na die ander kies. Van doodskoot is daar nie sprake nie – om die waarheid te sê daar is nie eers sprake daarvan dat die koeël se wind dalk sy kuif kon deurmekaar krap nie! Ek kan weer skiet, en alhoewel ek effens ge-"rattle" is, maak ek nou nog dubbel-doodseker van die volgende skoot – en, reg geraai – weereens nie eers naby die hartbees nie. Uit pligshalwe begin die hartbeeste darem wegdraf, en 'n duin of drie verder gaan hulle weer rustig staan. Teen hierdie tyd het ek al my geweer met Karl s'n geruil, want ek moes mos myne se teleskoop iewers teen 'n duin op of af liederlik gestamp het!

Hierdie keer stop die boer weer op die duin, maar so dat die neus net effens afdraende is, en die loop van die geweer is ver van die bakkie se dak af. Met die skoot uit Karl se 308 gee die hartbees presies vier tree en slaan neer. Maar nou is hierdie jagter darem baie ongelukkig met sy eie geweer waarvan die teleskoop so ver uit is!

Terug by die kamp, is die eerste ding wat ek doen om 'n kartondoos daar teen die duin staan te maak en te kyk hoe ver my teleskoop dan uit is om so ver te kon mis skiet. Dan kom die ontnugtering: al drie die skote sit netjies in die wit plakkertjie in die middel van die teiken! En ek kom agter, toe ek voorheen gedink het ek was ge"rattle," het ek nog nie presies mooi geweet wat dit beteken nie, want nou is ek rêrig heeltemal stomgeslaan deurmekaar ge"rattle," of soos die oumense sê – heeltemal gediskonfokuleer! Hoe op aarde is dit moontlik? Ek was rustig, ek het doodseker gemaak van my skoot, die skoot het perfek afgegaan en toe dit afgaan, was die kruishaar presies op die regte plek laag op die blad. Wat op aarde kon fout gegaan het?

Dis eers twee weke later, by die huis, wat ek op die werf rondloop en om geen rede hoegenaamd skielik aan 'n skietoefening dink wat ons gehad het tydens my diensplig by die infanterieskool – destyds op Heidelberg. En toe tref die verklaring vir bogenoemde my skielik soos 'n weerligstraal uit die bloute.

Die spesifieke dag het ons instrukteurs ons met die R1's laat skiet terwyl die bajonette aan die gewere gesit was. Dit was om vir ons te demonstreer dat ons gewere met die bajonette aan, omtrent 150 mm hoër skiet op 100 meter as wanneer daar geen bajonette aan is nie! En skielik kon ek toe verstaan wat gebeur het – met my eerste skote op die hartbees het die bakkie se dak, wat baie naby onder die geweerloop was, dieselfde effek gehad as wat die bajonet op die R1 gehad het, net op 'n baie groter skaal omdat die bajonet baie kort is terwyl die hele lengte van die dubbelkajuit se dak onder die loop was, vir so 'n afstand as wat dit effek kon hê! As daar net ongeveer 3 keer die lengte van 'n R1 bajonet onder die loop was, kon die koeël maklik meer as 'n halwe meter hoog getrek het!

Ek het toe probeer navorsing doen en ander ou weermaglede gevra of hulle die bajonet-effek kan onthou, maar kon nie regtig veel wys word nie. Ek kon wel vasstel dat, wanneer die skielike loslating van druk wat gebeur die oomblik wanneer 'n koeël die loop verlaat, nie konsentries is nie, dit die koeël totaal onstabiel maak. Dit is ook die rede waarom die voorpunt van 'n geweer se loop gekroon moet word ("crowning").

Tesame met hierdie konsentriese druk op die basis van die projektiel, is daar ook nog die lugvloei oor die neus van die projektiel wat 'n effek op die koeël het. Wanneer hierdie lugvloei en die druk van agter aan die onderkant deur 'n vaste oppervlakte afgesper word (soos 'n bajonet of 'n bakkie se dak), druk die onderkant se lugvloei die projektiel na boontoe, en dis dan wanneer jy en die bok wonder waarheen daardie koeël dan heen is!

So, onthou maar volgende keer wanneer jy, soos ons, verplig word om van 'n bakkie af te skiet of wanneer jy dalk 'n boer help oes – hou daardie loop baie ver weg van die bakkie se dak!

www.ingramcontent.com/pod-product-compliance
Lightning Source LLC
Chambersburg PA
CBHW071508040426
42444CB00008B/1548